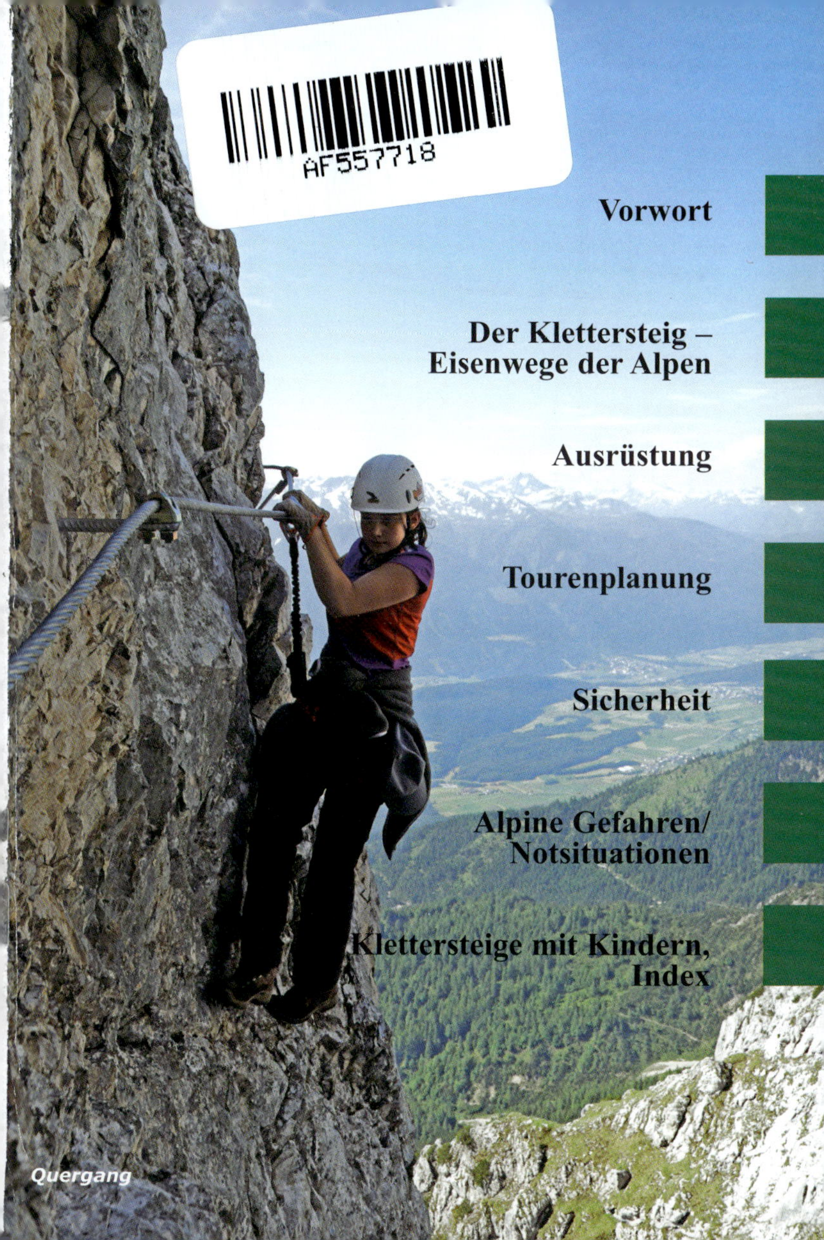
AF557718
Vorwort
Der Klettersteig –
Eisenwege der Alpen
Ausrüstung
Tourenplanung
Sicherheit
Alpine Gefahren/
Notsituationen
Klettersteige mit Kindern,
Index
Quergang

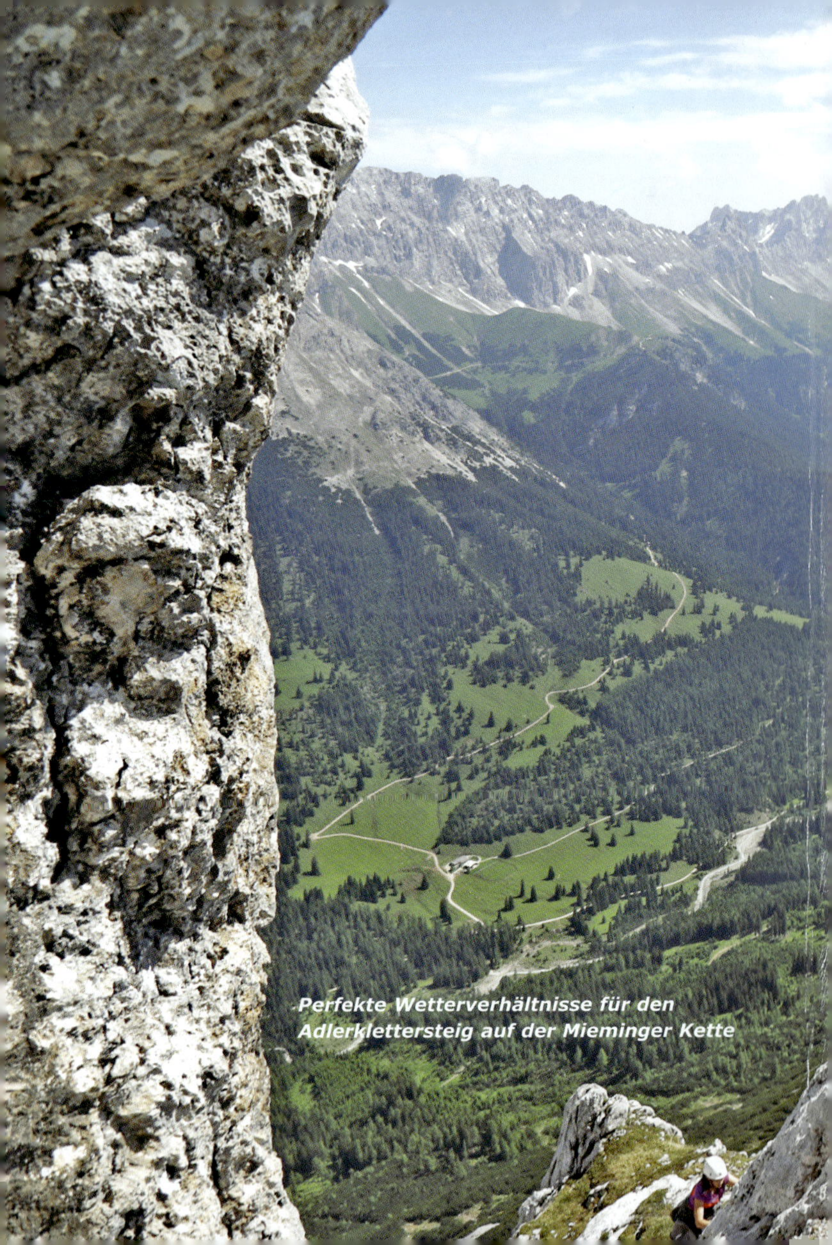

Perfekte Wetterverhältnisse für den Adlerklettersteig auf der Mieminger Kette

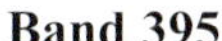


OutdoorHandbuch

Christian K. Rupp

# Klettersteiggehen

## Ausrüstung • Sicherheit • Tourenplanung

# Klettersteiggehen



Der Autor und der Verlag sind für Lesertipps und Verbesserungen (besonders per E-Mail) unter Angabe der Auflagen- und Seitennummer dankbar.

Dieses OutdoorHandbuch hat 128 Seiten mit 118 farbigen Illustrationen.
Es wurde auf chlorfrei gebleichtem Papier gedruckt, in Deutschland klimaneutral hergestellt und transportiert und wegen der größeren Strapazierfähigkeit mit PUR-Kleber gebunden.

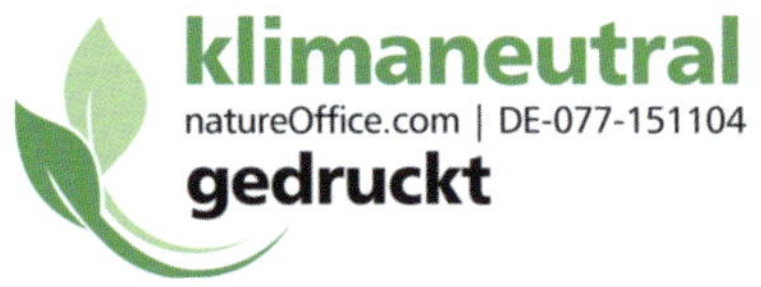

OutdoorHandbuch aus der Reihe „Basiswissen für draußen", Band 395

ISBN 978-3-86686-519-8 1. Auflage 2017



Text & Fotos: Christian K. Rupp
Lektorat: Anna-Lena Ebner
Layout: Anna-Lena Ebner

Gesamtherstellung: Werbedruck GmbH Horst Schreckhase

Dieses OutdoorHandbuch wurde konzipiert und redaktionell erstellt vom:

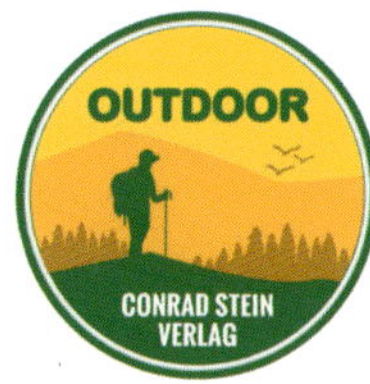


Conrad Stein Verlag GmbH, Kiefernstr. 6, 59514 Welver,
☏ 023 84/96 39 12, FAX 023 84/96 39 13
info@conrad-stein-verlag.de,
www.conrad-stein-verlag.de

Besuchen Sie uns bei Facebook & Instagram:

www.facebook.com/outdoorverlag

www.instagram.com/outdoorverlag

Titelfoto: Auf dem Innsbrucker Klettersteig mit Blick ins Karwendel

# Inhalt

# Vorwort

Klettersteige boomen. Sie wecken Emotionen, stehen für Abenteuer und sind für ambitionierte Bergwanderer und Freunde steiler Felswände Faszination pur. Jahr für Jahr zieht es Scharen von Bergsteigern in die Alpen, um sich der Herausforderung „Klettersteig" zu stellen. Nicht alle sind dieser Herausforderung gewachsen, was sich in den steigenden Unfallzahlen auf Klettersteigen niederschlägt. Dies zeigt, wie wichtig die Beherrschung der richtigen Sicherungstechnik, die körperliche Verfassung und die genaue Tourenplanung für eine erfolgreiche und vor allem sichere Tour sind.

Die Auswahl an möglichen Klettersteigen ist dabei so groß wie niemals zuvor und es bieten sich nahezu im gesamten Alpenraum zahlreiche Touren in allen Schwierigkeitsklassen. Von alpinen Klassikern auf berühmte Gipfel, über anspruchsvolle Sportklettersteige durch steile Felswände, bis hin zu Fun-Klettersteigen mit Seilrutschen und Seilbrücken gibt es Klettersteige für jeden Geschmack. Zudem entstehen jährlich alpenweit neue Anlagen, die ein immer breiteres Spektrum an Herausforderungen psychischer und physischer Art bieten.

Die Fangemeinde des kühnen Steigens am Drahtseil wächst dabei stetig. Klettersteige, als anfangs belächelte Randerscheinung des Alpinismus, haben mittlerweile ihren festen Platz in der Palette alpiner Sportarten gefunden und das Klettersteiggehen ist voll im Trend. Eine der Faszinationen liegt sicherlich darin, dass Klettersteige in eine Welt entführen, die sonst nur den Kletterern vorbehalten war. Voll von steilen Felswänden, luftigen Graten oder schmalen Bändern mit reichlich Luft unter den Füßen und grandiosen Panoramen. Dabei ist das Klettersteiggehen verhältnismäßig leicht zu erlernen und an modernen Anlagen und mit aktueller Sicherheitsausrüstung auch gut abgesichert.

Neben dieser Faszination dürfen allerdings die Gefahren, die bei alpinen Bergtouren generell bestehen, nicht aus den Augen verloren werden. Klettersteige verlaufen meist durch alpines Gelände und die Gefahr eines Wettersturzes, Blitz- oder Steinschlags muss bei der Tourenplanung immer berücksichtigt werden. Selbst die beste Ausrüstung garantiert keine absolute Sicherheit und neben der Ausrüstung müssen auch die persönlichen Voraussetzungen der geplanten Tour entsprechen.

Mit diesem Buch möchte ich ambitionierten Bergwanderern, die sich überlegen mit dem Klettersteiggehen anzufangen, einen Überblick über das Klettersteiggehen und wichtige Informationen zur Ausrüstung, Sicherungstechnik, Tourenplanung sowie über die alpinen Gefahren geben. Fortgeschrittene Klettersteiggeher finden in diesem Buch den aktuellen Stand der Sicherungstechnik und die ein oder andere Information zum Auffrischen von schon bestehendem Wissen.

Bedanken möchte ich mich bei allen, die mir während dieses Buchprojektes zur Seite standen: besonders bei meiner Familie und allen anderen Begleitern, die mich über die Jahre bei zahlreichen Klettersteigtouren begleitet haben. Ohne die Gemeinschaft unter den Wanderern wäre das Bergsteigen nicht das, was es ist, und Bergtouren sicherlich nur halb so schön.

Ich wünsche Ihnen zahlreiche erfolgreiche Klettersteigtouren, gutes Wetter, tolle Erlebnisse am Berg und allzeit Berg Heil!

Ihr Christian Rupp

☺ Wenn Sie zu diesem Handbuch eine Anregung oder einen Verbesserungsvorschlag haben oder eine kleine Rückmeldung geben möchten, würde ich mich über eine E-Mail von Ihnen freuen.

christian.rupp@korb-rieck.de

# Der Klettersteig – Eisenwege der Alpen

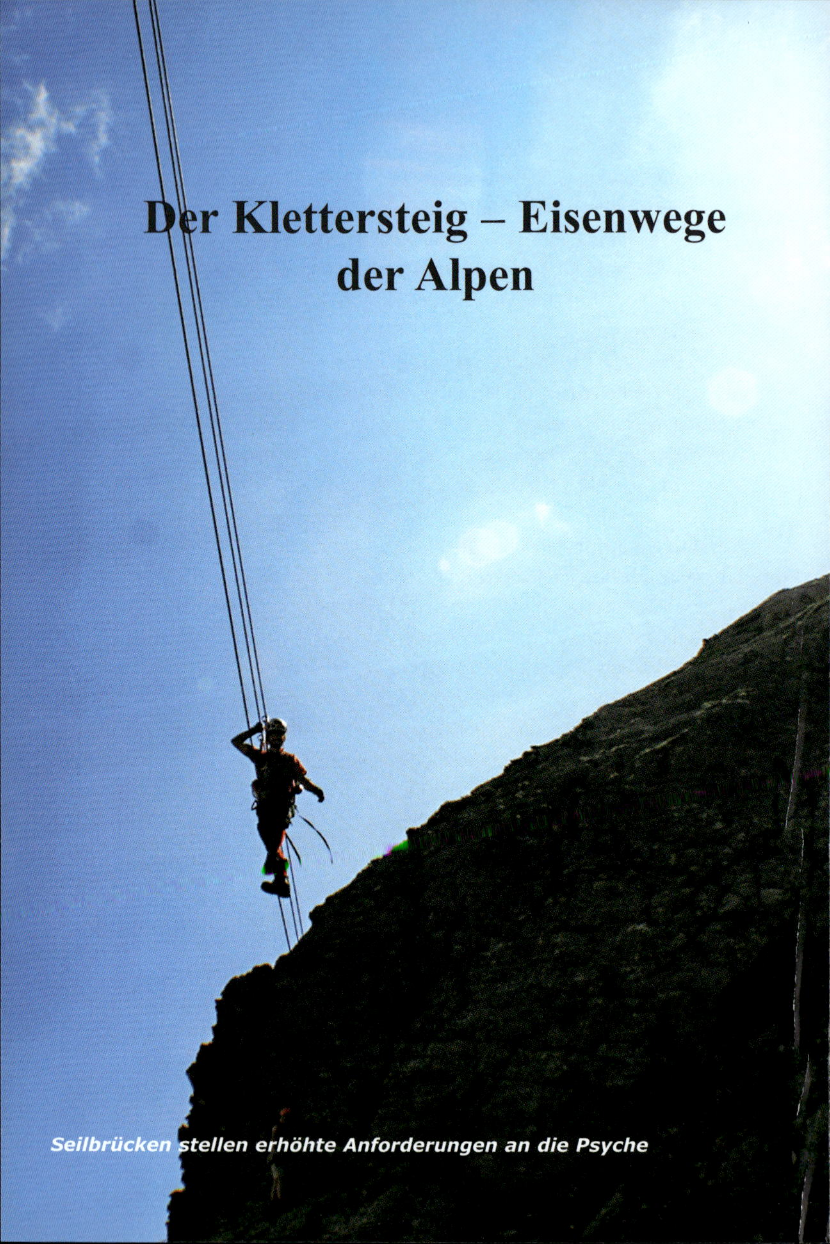

Seilbrücken stellen erhöhte Anforderungen an die Psyche

Als Klettersteig wird ein Steig bezeichnet, der ganz oder teilweise mit einem Stahlseil versichert ist. Das Stahlseil dient dabei zur Sicherung sowie als Steighilfe. Zusätzlich stehen dem Bergsteiger auch weitere Steighilfen in Form von Stahlstiften, Klammern oder Leitern zum Vorankommen zur Verfügung.

Klettersteige werden auch als „Via Ferrata" bezeichnet. Diese Bezeichnung kommt aus dem Italienischen und bedeutet wörtlich übersetzt „Eisenweg". Inzwischen ist der Ausdruck auch in Deutschland, Österreich, Frankreich und weiteren Ländern ein gebräuchlicher Begriff für Klettersteige aller Art.

Das Begehen von Klettersteigen hat sich mittlerweile zu einer eigenen alpinen Disziplin entwickelt. Früher oftmals als Randerscheinung des Alpinismus belächelt, nimmt sie heute einen festen Platz in der Palette alpiner Sportarten ein.

## Geschichte – Klettersteige damals und heute

Die Vorläufer der heutigen Klettersteige sind in den Alpen bereits seit Jahrhunderten bekannt. Damals dienten beispielsweise technische Hilfsmittel in Form von Leitern, Seilen oder diversen Steighilfen aus Holz zur Überwindung schwer passierbarer Stellen zwischen Bergdörfern oder Almen.

Mitte des 19. Jahrhunderts begann die Zeit der großen Alpenerschließung. Die Alpenvereine wurden gegründet und zahlreiche Erstbesteigungen fanden statt. Daneben wurden auch zahlreiche Hütten gebaut und neuen Wege errichtet. Im Zuge dessen erhielten auch verschiedene Gipfel erstmals gesicherte Anstiege. Als Geburtsstunde der Klettersteige gilt die von Friedrich Simony eingerichtete Route auf den Dachstein (2.995 m). Dort wurden im Jahr 1843 ein 150 m langes Schiffstau, Eisenzapfen und eingemeißelte Tritte als Steighilfen verbaut. Weitere Beispiele sind der erste Klettersteig auf die Zugspitze 1873, der Heilbronner Weg in den Allgäuer Alpen 1899 und die Marmolata in den Dolomiten 1903.

Im Ersten Weltkrieg entstanden beim Gebirgskrieg zwischen Italien und Österreich-Ungarn zahlreiche Klettersteige beim Ausbau von Kriegsstellungen und durch den Bau von Patrouillen- und Nachschubwegen. Die Soldaten legten dabei unbeabsichtigt den Grundstein für zahlreiche Klettersteigklassiker in den Dolomiten und der Brenta, die heute im Zeitalter der EU einem internationalen Publikum offenstehen.

In den 1960er Jahren begann der Klettersteigboom und die Dolomiten wurden zum viel gelobten Mekka der Klettersteigszene. In den 1970er und 1980er

Jahren entstanden auch in Tirol viele neue Klettersteige und alte Anlagen wurden saniert. In der Schweiz wurde 1993 der Tälli Klettersteig als erster Schweizer Klettersteig eingeweiht, dem mittlerweile zahlreiche andere folgten.

Diese Entwicklung ist noch nicht beendet und so entstehen jährlich viele neue Klettersteige im gesamten Alpenraum. Die modernen Sportklettersteige unterscheiden sich dabei stark von den klassischen Bauweisen. Während früher der Verlauf dem logischen Weg durch die Wand oder am Grat entlang folgte, so ist es heute das Ziel, dem Bergtouristen ein möglichst sportliches oder spektakuläres Erlebnis zu bereiten. Schwierige Klettersteige führen durch überhängende Wände oder leiten mit wenigen Tritthilfen durch senkrechte Wände. Wo der Spaßfaktor im Zentrum der Tour steht, sind oftmals Seilbrücken, Netze oder Seilrutschen verbaut. In den letzten Jahren führt der Trend allerdings auch wieder zurück zur klassischen Bauweise.

*Eine Dreiseilbrücke in V-Form*

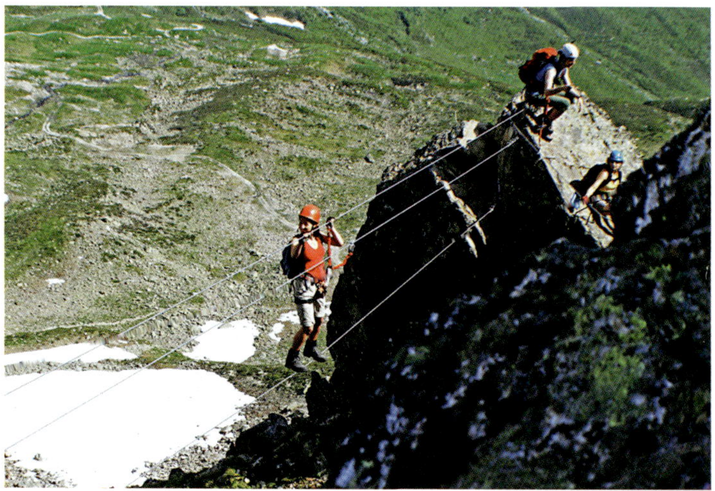

Alles in allem steht der wachsenden Fangemeinde mittlerweile eine reiche Auswahl an Klettersteigen in allen Schwierigkeiten für jeden Geschmack zur Verfügung.

# Persönliche Voraussetzungen für das Klettersteiggehen

Neben der Beherrschung der richtigen Sicherungstechnik stellen Klettersteige auch körperliche und psychische Anforderungen an ihre Begeher. Die steigenden Unfallzahlen auf Klettersteigen verdeutlichen, dass sich nicht jeder richtig auf die Klettersteigtouren vorbereitet hat.

Einfache Klettersteige können in der Regel von erfahrenen Bergwanderern, die mit der Ausrüstung vertraut sind, gut gemeistert werden. Dabei sollten Sie sich langsam an die schwierigeren Klettersteige herantasten und mit einem sehr leichten beginnen. Bei Unsicherheit im Umgang mit der Sicherheitsausrüstung sollte ein Klettersteigkurs besucht werden. Manche Kletterhallen besitzen auch einen kurzen Übungsklettersteig, an dem der Umgang mit der Sicherheitsausrüstung geübt werden kann.

Die Anforderungen an die eigenen Fähigkeiten lassen sich in körperliche, psychische und technischen Anforderungen unterteilen.

**SICHERHEITSTIPP:** Langsam steigern! Wer noch nie einen Klettersteig begangen hat, sollte als erste Tour einen mit sehr leichter Schwierigkeit wählen und sich langsam steigern. Gleiches gilt auch für Routiniers zu Beginn der Saison. Die erste Tour der neuen Bergsaison sollte niemals am Limit der eigenen Fähigkeiten liegen. An der ersten Tour lässt sich der Fitnesstand nach dem Winter gut einschätzen.

**SICHERHEITSTIPP:** Grundsätzlich empfiehlt es sich, vor dem ersten Klettersteig einen Kurs zu besuchen, in dem Sie sich mit der Ausrüstung und der Sicherungstechnik vertraut machen können. Die Alpenvereine oder Bergschulen bieten solche Kurse an (☞ Tourenplanung, Informationsquellen).

## Körperliche Anforderungen

Klettersteige setzen im Vergleich zum reinen Bergwandern eine höhere Kondition und Fitness voraus. Das Steigen am steilen Fels beansprucht zusätzliche Muskelpartien im Oberkörper und den Armen und fordert eine gewisse Beweglichkeit von Rumpf und Hüfte. Daneben sind auch Trittsicherheit, Schwindelfreiheit und Bergerfahrung notwendig. Für Bewohner des niedrigen Flachlandes

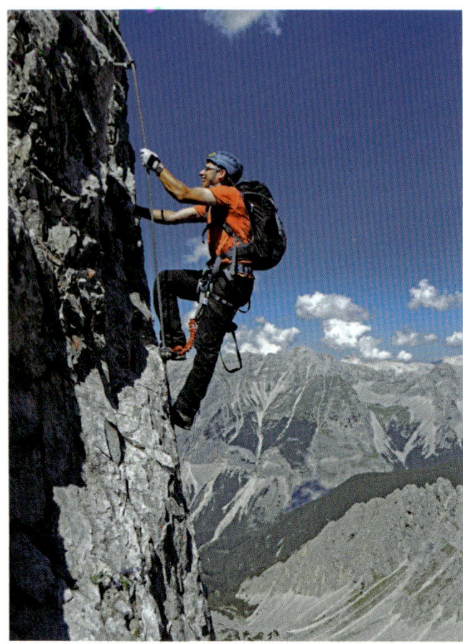

*Steigen durch eine senkrechte Steigstelle*

kommt u. U. auch eine gewisse Zeit der Akklimatisierung in alpinen Regionen hinzu, bevor die Tour starten kann. Ab 2.500 m kann die Höhenkrankheit auftreten.

Die Frage, wie viel Kondition, Kraft und Ausdauer benötigt wird, hängt stark von der Schwierigkeit des jeweiligen Klettersteigs ab. Dabei gilt, je schwerer der Klettersteig bewertet ist, umso größer ist die Anforderung an die körperliche Fitness. Schwere Klettersteige besitzen meist weniger künstliche Steighilfen oder führen durch teils überhängendes Gelände, was erhöhte Armkraft voraussetzt.

## Psychische Anforderungen

Neben den körperlichen Voraussetzungen stellen Klettersteige durch ihre Routenführung durch steiles, alpines Gelände auch erhöhte Anforderungen an die Psyche. Luftige Passagen in Felswänden hoch über dem Talboden sind charakteristisch für Via Ferratas und müssen bewältigt werden. Für Menschen mit echter Höhenangst sind Klettersteige sicherlich nicht geeignet. Ein gesunder Respekt vor der Höhe ist allerdings ganz normal und kann mit etwas Training und Übung überwunden werden.

Dabei gilt generell, wer sich unsicher ist, sollte sich langsam steigern. Außerdem steigert körperliche Fitness das Vertrauen in die eigenen Fähigkeiten.

## Technische Anforderungen

Der sichere Umgang mit der Ausrüstung ist das A und O auf einer Tour und erhöht nicht nur die Sicherheit, sondern spart auch Zeit. Wer an Schlüsselstellen die Karabiner nicht schnell bedienen kann, verliert Kraft und provoziert kritische Situationen. Die alpine Erfahrung kommt durch zahlreiche Stunden im Gebirge.

# Klettersteigarten

Klettersteig ist nicht gleich Klettersteig. Im Laufe der Zeit haben sich viele verschiedene Arten herausgebildet. Dabei lassen sich die Klettersteige zunächst von versicherten Steigen abgrenzen, denn nicht jedes gespannte Stahlseil in den Bergen wird als Klettersteig bezeichnet.

**Versicherte Steige** sind meist einfache Wanderwege oder Gipfelanstiege, die nicht durchgehend mit einem Sicherungsseil ausgestattet sind. Anspruchsvolle oder ausgesetzte Stellen, an denen Absturzgefahr besteht, können mit einem Stahlseil abgesichert sein. Dabei erfolgt die Absicherung meist räumlich begrenzt und nimmt nur einen kleinen Abschnitt des Steiges ein. Versicherte Steige werden in der Regel ohne Klettersteigset begangen. Trittsicherheit und Bergerfahrung sind dennoch Voraussetzung.

**Klettersteige** sind mit einem Sicherungsseil ausgestattete Routen. Je nach Klettersteig ist die Route entweder durchgehend mit einem Sicherungsseil ausgestattet oder sie weist geländebedingte Unterbrechungen an leichten Passagen auf. Zusätzlich sind Steighilfen in Form von Stahlstiften, Trittstufen und Eisenleitern verbaut, die das Vorankommen erleichtern. Im Gegensatz zu versicherten Steigen ist eine entsprechende Sicherheitsausrüstung bei Klettersteigen Grundvoraussetzung. Mittlerweile gibt es Klettersteige in allen Schwierigkeitsklassen und Routenführungen für jeden Geschmack. Von alpinen Klassikern auf einen bekannten Gipfel, über sportliche Klettersteige, in denen deutlich mehr Muskelkraft und Technik gefragt ist, bis hin zu Extrem-Klettersteigen, die vom Körper erhöhte Kraft und Ausdauer abverlangen.

☺ Einen guten Überblick, um den richtigen Klettersteig für sich zu finden, liefern Klettersteigatlanten (☞ Tourenplanung, Informationsquellen).

## Hauptkategorien

▷ **Alpine Klettersteige:** Diese bewegen sich in alpinem bis hochalpinem Gelände und dienen meist dazu, ein bestimmtes Ziel, z. B. einen Gipfel, zu erreichen. Die Zustiege sind aufgrund der Lage des Tourenziels entsprechend lang. Sie sind meistens nicht durchgehend mit einem Stahlseil ausgerüstet. Einzelne Passagen können auch ungesicherte Kletterstellen bis zum 2. Grad beinhalten. Außerdem folgen sie dem logischen Verlauf des Geländes und verzichten auf artistische Elemente. Sie durchqueren Wände oder überschreiten Grate, bis das Tourenziel erreicht ist. Anspruchsvolle Kletterstellen sind meist mit Leitern oder anderweitigen Steighilfen überbrückt.

*Schneefelder zwischen den Stahlseilsicherungen eines alpinen Klettersteigs in den Dolomiten*

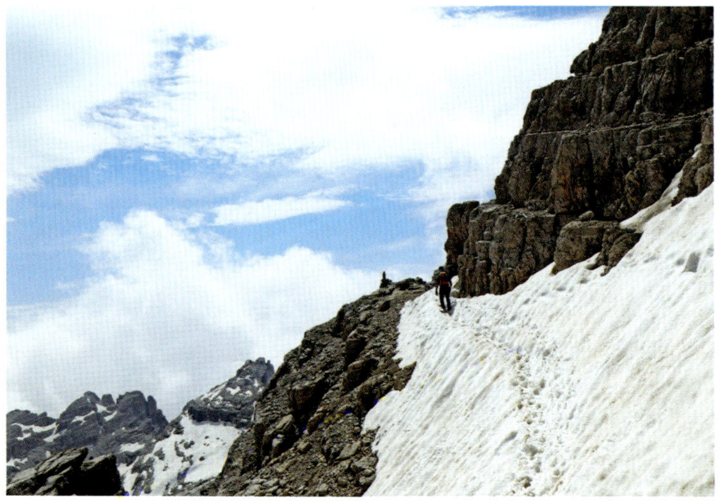

▷ **Sportklettersteige:** Bei Sportklettersteigen liegt der Fokus darin, den Klettersteiggehern ein möglichst anspruchsvolles Erlebnis zu bieten. Die Zustiege sind meist kürzer. Als Ziel dient nicht ein Gipfel, sondern das Motto lautet: „Der Weg ist das Ziel". Meistens ist ein Drahtseil durchgehend gespannt und die Sportklettersteige führen durch steiles Felsgelände. Trittstifte und sonstige Steighilfen sind meist sparsamer eingesetzt, um die Anforderungen an Technik und Armkraft zu steigern. Die Routenführung ist sportlich ausgerichtet und das Begehen erfordert erhöhte Kraft und

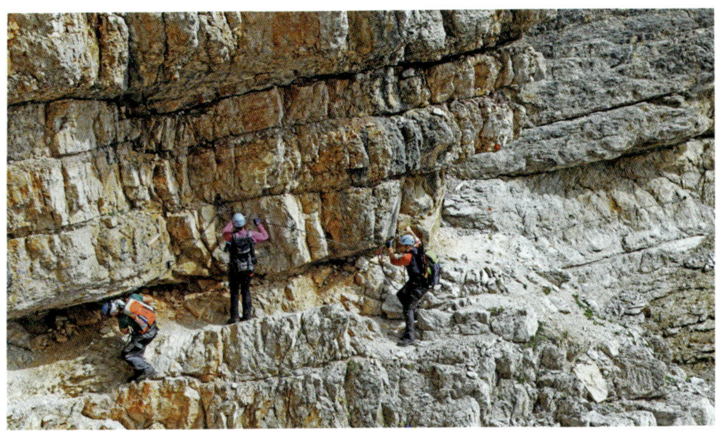

*Die Klettersteige in der Brenta sind bekannt für ihre schmalen Bänder*

Kondition. Meist wird weniger Bergerfahrung gefordert, dafür sind Ausdauer und Armkraft aber für ein erfolgreiches Begehen entscheidend. Oft sind im Verlauf auch anspruchsvolle Installationen wie etwa Seilbrücken, Seilrutschen, Stahlnetzen o. Ä. verbaut, um den Erlebniswert der Tour zu steigern.

▷ **Alpine Sportklettersteige:** Diese entstehen aus der Kombination von klassischen alpinen Klettersteigen und Sportklettersteigen. Die Zustiege bei alpinen Sportklettersteigen sind entsprechend länger und verlaufen durch alpines bis hochalpines Gelände. Die Schwierigkeit liegt in den hohen Anforderungen an Kraft und Ausdauer. Außerdem ist eine routinierte Bergerfahrung unerlässlich. Alpine Sportklettersteige kommen dem richtigen, alpinen Klettern am Seil nahe, da sie abgesehen von der komfortablen Sicherungssituation am Stahlseil ähnliche Anforderungen an die Bergsteiger stellen.

▷ **Fun-Klettersteige:** Diese befinden sich meist in Talnähe oder in Seilbahnnähe und kommen einem Hochseilgarten oder Kletterwald im Flachland recht nahe. Es sind kleine Attraktionen, die durch einen spektakulären Verlauf überzeugen. Der Spaß liegt im Vordergrund und es ist keine Bergerfahrung nötig. Es sind artistische Elemente sowie Seilbrücken, Stahlnetze oder Seilrutschen enthalten, die für einen Nervenkitzel in der Höhe sorgen sollen.

▷ **Sonderformen:** Weiterhin gibt es Sonderformen, die teilweise Elemente der Hauptkategorien verbinden. Beispiele sind Kinderklettersteige, Höhlenklettersteige, Schluchtenklettersteige, Winterklettersteige und Extrem-Klettersteige.

# Bauarten von Klettersteigen

Wird die Bauweise von Klettersteigen genauer betrachtet, so lassen sich zwei verbreitete Arten unterscheiden. Es geht dabei im Besonderen darum, wie das Sicherungsseil angebracht ist. Durch den kontinuierlichen Fortschritt gibt es allerdings alpenweit zahlreiche verschiedene Variationen und Sonderformen.

## Ostalpine Bauweise (Tiroler Stil)

Bei dieser Bauweise gibt es ein gespanntes Stahlseil, das zur Sicherung und zugleich als Aufstiegshilfe dient. Neben dem Seil sind Trittstifte, Bügel und Leitern im Fels verbaut, die als zusätzliche Aufstiegshilfen dienen. Bei der Befestigung des Stahlseils an den Sicherungsankern wird zwischen zwei verbreitete Arten unterschieden. Die **Klemmanker-Bauweise**, bei der das Seil an jedem Anker fest fixiert ist, und die **Ösenanker-Bauweise**, bei der das Seil durch jeden Anker frei geführt wird.

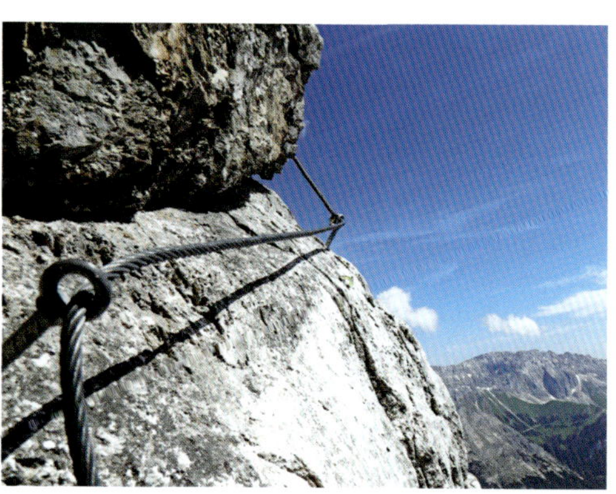

*Ösenankerbauweise*

Als Vorteil der ostalpinen Bauweise gilt das leichte Umhängen an den einzelnen Sicherungsankern. Der Nachteil ist, dass die Karabiner beim Sturz direkt an den Anker anprallen. Bei älteren Klettersteigset-Modellen bestand dadurch

Bruchgefahr der Karabiner. Allerdings kann diese Bruchgefahr bei modernen Klettersteigsets und korrekter Bedienung ausgeschlossen werden.

Daneben gibt es noch zahlreiche Variationen dieser Bauweise: z. B. Gummipuffer an jedem Stahlanker, der die Anprallenergie des Karabiners aufnimmt, oder das Sauschwanzsystem, bei dem beim Nachsichern mit Seil keine Express-Sets mehr eingehängt werden müssen.

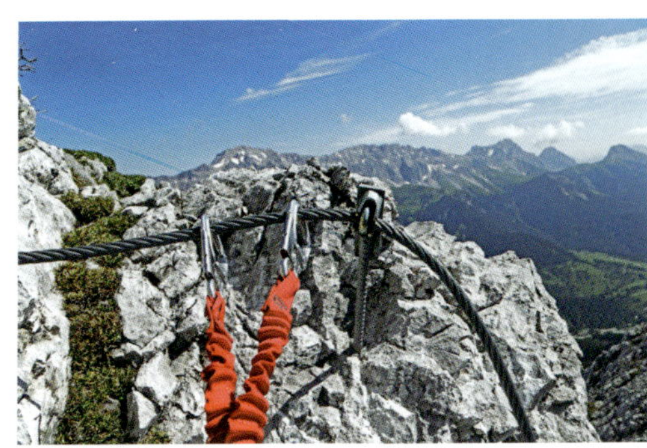

*Klemmankerbauweise*

## Französische Bauweise

Bei der französischen Bauweise ist das Sicherungsseil dünner und wird an jedem Anker mit einer hängenden Schlaufe befestigt. Bei Stürzen wird dadurch ein Aufprall des Karabiners auf den Anker verhindert. Das Sicherungsseil wird bei dieser Bauweise nicht als Aufstiegshilfe verwendet. Dadurch werden entweder deutlich mehr Trittbügel und Klammern verbaut als bei der ostalpinen Bauweise, oder es gibt neben dem Sicherungsseil ein parallel verlegtes, dickeres Stahlseil, das als Aufstiegshilfe dient.

# Schwierigkeit und Anforderungen

Klettersteige besitzen keine internationale Schwierigkeitsbewertung, wie es z. B. beim Klettern die UIAA Skala ist. Dadurch finden sich in den einzelnen alpinen Anrainerstaaten unterschiedliche Schwierigkeitsskalen. Die einzelnen Skalen teilen die Schwierigkeiten meist in fünf bis sieben Stufen ein, sodass sie leicht miteinander verglichen werden können. Die Führerliteratur der Verlage orientiert sich jeweils an einer dieser Skalen. Im Folgenden werden die gängigsten kurz vorgestellt. In jedem Führer findet man zudem immer ein Kapitel, in dem auf die verwendete Skala eingegangen wird.

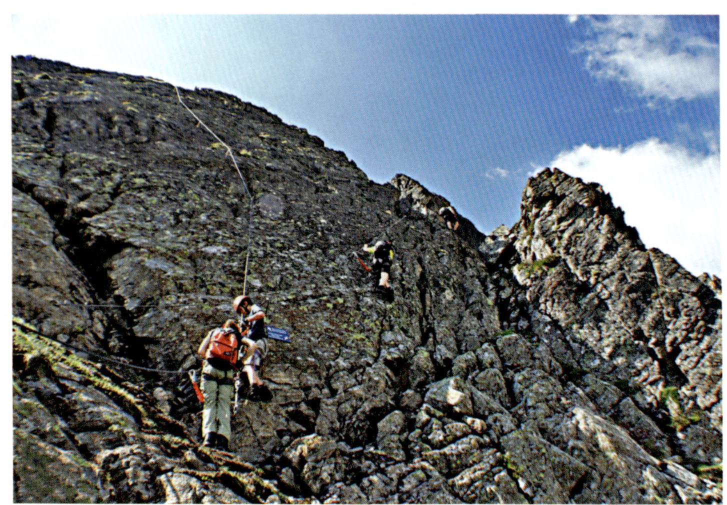

*Teilweise besitzen Klettersteige eine Alternative. Entweder in unterschiedlicher Schwierigkeit oder zur Umgehung z. B. von Altschneeresten.*

Dabei muss beachtet werden, dass die Schwierigkeit die Verhältnisse bei optimalen Bedingungen beschreibt. Bei Regen, Schnee oder Wind wird es deutlich schwerer. Klettersteige sind in ihrem Verlauf auch nicht immer gleich schwer. Meist ist die Schwierigkeit nach der schwersten Schlüsselstelle bewertet. Oftmals ist bereits der Einstieg, also die ersten Meter auf dem Klettersteig, in der jeweiligen Schwierigkeit angelegt (Drop-Out-Passage). Wer am Anfang bereits Probleme hat, sollte umkehren.

Neben der eigentlichen klettertechnischen Schwierigkeit des Klettersteigs muss er auch immer in den Rahmenbedingungen der gesamten Tour betrachtet werden. Ein talnaher Sportklettersteig setzt andere Ansprüche an die körperlichen Fähigkeiten und die Ausrüstung als ein hochalpiner Klettersteig mit langen Zu- und Abstiegen.

Die Skala von Paul Werner beinhaltet z. B. den Gesamtanspruch der Tour bereits. Andere Skalen geben den Gesamtanspruch mit den Zahlen 1-3 an. „1" ist vergleichbar mit „A" bei der Paul-Werner-Skala und „3" ist vergleichbar mit „E".

Im Folgenden werden die gängigsten Skalen kurz umrissen und den jeweiligen Verlagen zugeordnet. In der darauf folgenden Tabelle können die Skalen gut miteinander verglichen werden.

## Deutschland: Paul-Werner-Skala (Bergverlag Rother)

Die Schwierigkeitsskala nach Paul Werner setzt sich aus der Schwierigkeit des Klettersteigs (KS1-KS6) und den alpinen Rahmenbedingungen der Klettersteigtour zusammen (A-E). Ein Klettersteig wird mit beiden Skalen bewertet. Z. B. KS6-A (Talnaher Extrem-Klettersteig).

Folgende zwei Schwierigkeitsskalen von Paul Werner sind mit freundlicher Genehmigung des Verlags zum Teil aus den Klettersteigführern sowie dem Klettersteigatlas des Bergverlags Rother entnommen:

### **Schwierigkeitsskala 1:** Klettersteigtechnische Anforderungen:

KS1 **Abgesicherte trassierte Steige und sehr einfache Klettersteige:** Auf natürlichen Felsbändern oder künstlichen Weganlagen durch stellenweise steiles Felsgelände führende Steige. Sicherungen in Form von Stahlseilen, Ketten oder Geländern dienen vorwiegend gegen das Gefühl der Exponiertheit. Werden aber zur Fortbewegung kaum benötigt. Ohne Sicherung wären die technischen Schwierigkeiten allenfalls mit I zu bewerten.

KS2 **Einfache Klettersteige:** Mäßig steiles Felsgelände; Sicherungen in Form von Stahlseilen, Klammern, Trittstiften und Leitern dienen zur Fortbewegung. Ohne Sicherung wäre Kletterei bei geringen Schwierigkeiten (I-II) erforderlich.

KS3 **Mäßig schwierige Klettersteige:** Steiles Felsgelände, überwiegend durch Stahlseile, Klammern, Trittstifte oder Eisenleitern gesicherte Steige. Gesicherte Abschnitte erfordern bereits ein gewisses Maß an Armkraft. Ohne Sicherungen wäre mäßig schwierige (II) oder mittelschwierige Kletterei (III) erforderlich.

KS4 **Schwierige Klettersteige:** Sehr steiles Felsgelände, streckenweise senkrechte Wandpartien. Meistens nur durch Stahlseile, gelegentlich auch durch künstliche Tritthilfen gesicherte, streckenweise sehr exponierte Führen (Anmerkung des Autors: Route, bezeichneter Kletterweg). Diese Anlagen erfordern ein gehöriges Maß an Armkraft. Ohne Sicherung wäre mittelschwierige Kletterei (III) oder Kletterei mit großen Schwierigkeiten (IV) erforderlich.

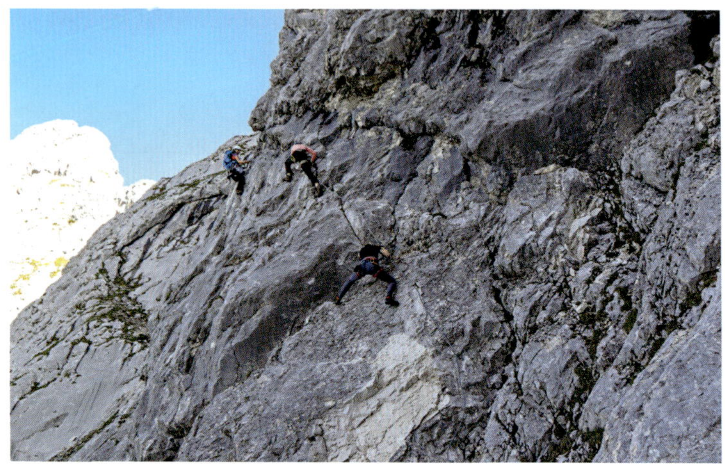

*Je höher die Schwierigkeit des Klettersteigs, desto höher sind die Anforderungen an Kraft, Ausdauer und Klettertechnik*

KS5 **Sehr schwierige Klettersteige/Sportklettersteige:** Streckenweise extrem exponierte und im senkrechten, trittarmen Fels verlaufende, vorwiegend nur durch Stahlseile gesicherte Route mit spärlichen künstlichen Tritthilfen; die schwierigsten Stellen erfordern Klettertechnik oder sehr große Armkraft. Ohne Sicherungen wäre z. T. sehr schwierige Kletterei (V-VI) erforderlich.

KS6 **Äußerst schwierige Klettersteige/Extreme Sportklettersteige:** Im Wesentlichen wie KS 5, jedoch Tritthilfen nur sehr spärlich oder gar nicht vorhanden, ferner sehr lange und außergewöhnlich anstrengende Routen. An einigen Stellen ist man weitestgehend auf Armkraft angewiesen und muss sich beim Emporziehen am Stahlseil an trittarmen oder trittlosen, glatten Felspartien mit den Füßen gegen den Fels stemmen.

## **Schwierigkeitsskala 2:** Alpine Rahmenbedingungen

0 **Im Tal oder talnah** gelegene Klettersteige ohne nennenswerte Zustiege. Wetterbedingungen wegen Lage und geringer Tourendauer gut vorhersehbar. Verzicht auf Wetterschutz und Proviant möglich, z. T. auch ratsam, da

diese Bedingungen meist auf technisch schwierige bis äußerst schwierige Sportklettersteige zutreffen.

A **Leichte Bergwanderungen** auf bequemen Wegen in Höhenlagen bis rund 2.000 m oder etwas darüber.

B **Bergwanderungen** auf Gebirgssteigen, die auch schmal und steil sein können, in allen nicht vergletscherten Höhenzonen verbreitet, meist jedoch in Höhenlagen zw. 1.800 m und 2.700 m.

C **Bergtouren** auf alpinen, stellenweise ausgesetzten Steigen und Pfaden, teilweise auch weglos; oft ist Orientierungssinn erforderlich; meist in Höhenlagen zwischen 2.300 m bis 3.000 m, Bergerfahrung erforderlich.

D **Anspruchsvollere Bergtouren** in alpinem Felsgelände, z. T. auch brüchig, z. T. mit Firnfeldern. Höhenlage meist zwischen 2.400 m und 3.300 m. Auch mit langem, schwierigem Klettersteig; größere Bergerfahrung und Ausdauer sowie gutes Orientierungsvermögen unbedingt erforderlich.

E **Hochalpine Bergtouren** in Höhenlagen um oder über 3.000 m, die mitunter die Mitnahme und den Einsatz von Pickel und Steigeisen erforderlich machen (kombinierte Touren); teilweise mit Gletscherüberschreitung und Begehung bzw. Querung von Firn-/Eisrinnen, was eine kompetente Einschätzung der Verhältnisse und ggf. eine situationsgemäße Sicherungstechnik erfordert. Gehen in Seilschaft streckenweise unerlässlich. Nur für sehr erfahrene Alpinisten zu empfehlen.

## Eugen-Hüsler-Skala (Bruckmann Verlag)

Die Hüsler-Skala ist im deutschsprachigen Raum weit verbreitet. Die folgende Skala von Eugen Hüsler ist mit freundlicher Genehmigung des Verlags aus den Klettersteigatlanten des Bruckmann Verlags entnommen:

K1 **Leicht:** In der Regel meist trassierte Steige, Sicherung zum Gelände in Relation komfortabel. Durchwegs große, natürliche Tritte; wo sie fehlen werden sie durch Leitern, Stege, Eisenbügel und Haken ersetzt. Nur kürzere exponierte (und stets bestens gesicherte) Passagen. Für geübte Bergsteiger ist noch keine Selbstsicherung erforderlich.

K2 **Mittel:** Hier bewegt man sich abschnittweise bereits im Steilfels, die Routen sind recht aufwändig gesichert. Senkrechte Passagen mit Eisenbügeln und/oder Leitern, Drahtseilsicherungen auch in weniger schwierigem Gelände. Selbstsicherung auch für routinierte Bergsteiger empfehlenswert.

K3 **Ziemlich schwierig:** Teilweise nähern sich diese Routen bereits der senkrechten, sie sind aber in Relation zum Gelände eher üppig gesichert. Selbstsicherung notwendig.

K4 **Schwierig:** Das Gelände wird steiler, schwieriger, oft finden sich nur mehr kleine Tritte und Griffe. Dafür sind die Sicherungen sparsamer gesetzt. Auch an exponierten Stellen hilft oft bloß ein Drahtseil. Künstliche Haltepunkte (Haken, Eisenbügel) nur an den schwierigsten Stellen. Eine Ausnahme bilden die französischen Sportklettersteige, die in der Regel weit aufwändiger gesichert sind, aber auch exponierte Passagen aufweisen. Hier fließt der Faktor Mut/Angst ein.

K5 **Sehr schwierig:** Klettersteige in extremem Felsgelände, nur für Experten. Senkrechte bis überhängende Passagen, vielfach bloß mit Drahtseilen gesichert. Nur für sehr erfahrene Klettersteiggeher!

K6 **Extrem schwierig:** Extremes Gelände, senkrecht bis überhängend. Anstrengende Routenführung für nervenstarke Ferratisti. Kaum Haltepunkte, erhöhte Armkraft gefordert.

In den Büchern des Bruckmann Verlags verwendet Eugen Hüsler zusätzlich zu der Bewertung von K1-K6 das von ihm entwickelte „Hüsler Klettersteigkreuz" (HKK). Es fasst Ausdauer, Kraft, Bergerfahrung und Exponiertheit zusammen. Das HKK zeigt auf einen Blick, ob es sich um eine kurze, extreme Route oder eine lange, kräftezehrende, anstrengende Gratüberschreitung handelt.

## Österreich: Kurt-Schall-Skala (Schall Verlag)

In Österreich hat sich die Skala von Kurt Schall weitgehend durchgesetzt. Auch auf Schildern am oder im Klettersteig findet die Skala direkt vor Ort Verwendung.

Folgende Skala von Kurt Schall ist mit freundlicher Genehmigung des Verlags aus den Klettersteigführern des Schall-Verlags entnommen:

A **Leicht:** Einfache, gesicherte Steige. Flachere (längere) oder senkrechte (kurze) Leitern, Geländer und Eisenklammern, meist im nicht sehr steilen Gelände. Einzelne Stellen können bereits ausgesetzt sein, sind aber einfach zu begehen (z. B. Felsbänder, kl. Seilbrücken). Das Gelände ist auch ohne Sicherungen leicht zu begehen (Ausnahme: Leitern über kleine Wandstufen) und weist gute Tritte und Griffe auf. Im Allgemeinen für trittsichere, schwindelfreie Bergwanderer noch keine Klettersteig-Ausrüstung

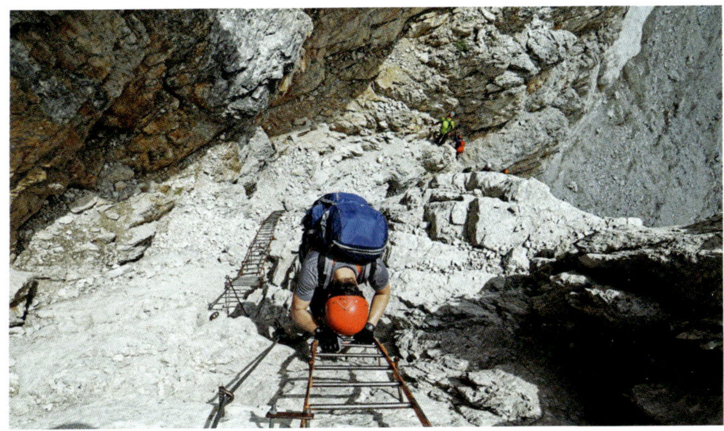

*Leitern bilden komfortable Steighilfen an sonst schwierigen Wandstellen*

erforderlich. Für Kinder/Jugendliche bzw. Anfänger meist sehr gut geeignet, es wird aber bereits ein Klettersteigset angeraten!

A/B Zwischen- bzw. Übergangsstufe

B **Mäßig schwierig:** Bereits etwas steileres Felsgelände mit teilweise kleintrittigen, ausgesetzten Passagen. Senkrechte längere Leitern, Eisenklammern, Trittstifte oder Ketten. Manche Passagen können bereits anstrengend und etwas Kraft raubend sein. Auch routiniertere Berggeher verwenden hier bereits eine Klettersteig-Grundausrüstung. Für Anfänger und Kinder/Jugendliche ist unbedingt ein Klettersteigset erforderlich und auf längeren Steigen zusätzlich ein kurzes Sicherungsseil empfehlenswert.

B/C Zwischen- bzw. Übergangsstufe

C **Schwierig:** Steiles bis sehr steiles Felsgelände. Großteils kleintrittige Passagen, die fast immer ausgesetzt sind. Senkrechte bis leicht überhängende Leitern, Eisenklammern und Trittstifte, die auch manchmal weiter auseinander liegen können (ev. für kleinere Leute und Kinder problematisch). Oft senkrechte, nur mit einem Stahlseil gesicherte Abschnitte, Einseil- oder Zweiseilbrücken, Hängebrücken. Teilweise bereits sehr Kraft raubend. Längere Anstiege in diesem Schwierigkeitsgrad zählen bereits zu den großen Klettersteig-Unternehmen.

Ungeübten und Kindern/Jugendlichen ist unbedingt eine Seilsicherung durch einen erfahrenen Klettersteiggeher (Partner) zu empfehlen. Ein Klettersteigset ist selbstverständlich.

**C/D** Zwischen- bzw. Übergangsstufe

**D** **Sehr schwierig:** Senkrechtes, oft auch überhängendes Felsgelände. Eisenklammern und Trittstifte liegen oft weit auseinander. Meist sehr ausgesetzter und steiler Fels, der oft nur mit einem Stahlseil gesichert ist. Bereits hohe Anforderungen an die Steigtechnik (kleine Tritte, Reibungsplatten) und Psyche („Mutproben"). Längere senkrechte bis überhängende Passagen, wobei bereits ein gehöriges Maß an Armkraft sowie ein guter gesamtkörperlicher Trainingszustand erforderlich sind. Klettererfahrung von Vorteil (Steigtechnik, natürliche Griffe und Tritte zur Fortbewegung, ökonomischer Bewegungsablauf, usw.). Auch für sehr erfahrene Klettersteiggeher ist ein Klettersteigset obligat (ev. sogar zusätzlich Kletterschuhe mit profilloser Sohle). Für Anfänger, Kinder und Ungeübte nicht mehr geeignet.

**D/E** Zwischen- bzw. Übergangsstufe

**E** **Äußerst schwierig:** Meist überhängendes Felsgelände. Extreme Anforderungen an Armkraft (Kraftausdauer und Maximalkraft), Steigtechnik, Geschicklichkeit, Mut und Moral! Nur für erfahrene Klettersteig-Profis! Bei längeren Steigen dieser Schwierigkeit ist ein optimaler Trainingszustand erforderlich! Zusätzlich zum Klettersteigset eine kurze Bandschlinge (ca. 40 cm) mit Karabiner (zur Armentlastung und Fixierung bzw. zum Umhängen der Sicherung) sehr zu empfehlen. Sonst alle Angaben im erhöhten Ausmaß wie unter „D" beschrieben.

**E/F** Zwischen- bzw Übergangsstufe

**F** **Extrem schwierig:** Meist durchwegs überhängendes und glattes, oft trittloses Felsgelände ohne Klammern und Trittstifte, welches besonders extreme Ansprüche an die Kraftausdauer, Maximalkraft, Geschicklichkeit, Mut und Moral voraussetzt!

In diesem Grad sind unbedingt Sportkletterkenntnisse (ab dem felstechn. Schwierigkeitsgrad 7!) Voraussetzung, um die optimale Nutzung der wenigen Tritte im Fels, verbunden mit optimaler Körperspannung (Eindrehen des Körpers) zu erreichen. Auch sicherungstechnisch höchste Anforderungen: Beherrschung des Klettersteigsets, insbesondere eine optimale Technik beim Umhängen der KS-Karabiner, usw. 1-2 Prusikschlingen (halten auch am Stahlseil!) sowie zusätzlich eine kurze Fixierungsschlinge mit KS-Karabiner zum Rasten bzw. beim Umhängen sind obligat! Es handelt sich hier um eine „Turnübung am Blitzableiter", welche mit dem Klettersteiggehen im herkömmlichen Sinne nichts mehr zu tun hat (Sinnhaftigkeit wird daher in Frage gestellt). Faustregel: Nur wer E-Klettersteige OHNE geringste Probleme und Kraftdefizite begehen kann, sollte sich hier heranwagen. Ansonsten besteht höchste Absturz- und Verletzungsgefahr, verbunden mit oft problematischen bzw. unmöglichen Rückzugsmöglichkeiten!!

Zusätzlich findet man in Schall-Führern noch ein detailliertes fünfteiliges Anforderungsprofil, das auch farblich (blau, rot, schwarz) bzw. über ein Punktesystem in einem Piktogramm umgesetzt ist.

*Schwindelfreiheit ist Grundvorraussetzung für senkrechte Steigstellen*

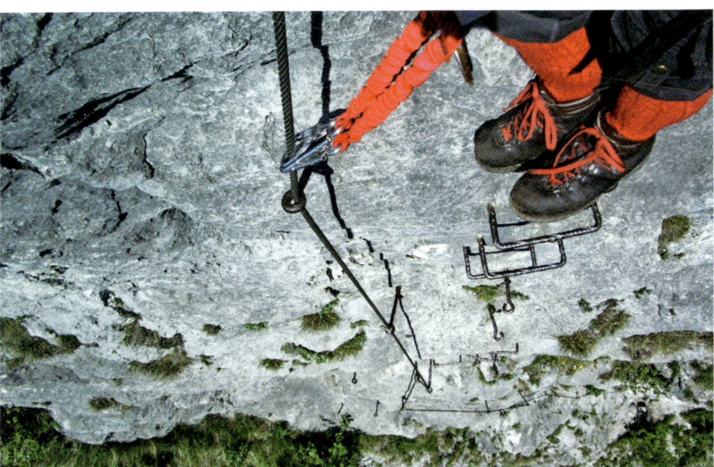

## Italien/Frankreich: Buchstaben

In Italien und Frankreich werden Klettersteige, ähnlich der Kurt-Schall-Skala, mit Buchstaben bewertet. Die Bandbreite reicht von F (facile = leicht) bis ED (estrema difficoltà/extrêmement difficile = extrem schwierig).

# Klettersteig Schwierigkeitsskalen

<table>
<tr><th>Deutschland (Paul-Werner-Skala)</th><th>Deutschland (Eugen-Hüsler-Skala)</th><th>Österreich (Kurt-Schall-Skala)</th><th>Italien</th><th>Frankreich</th><th>Farbe</th></tr>
<tr><td rowspan="4">KS 1<br>(leicht)</td><td rowspan="4">K1<br>(leicht)</td><td rowspan="4">A<br>(leicht)</td><td rowspan="4">F<br>(facile)</td><td rowspan="4">F<br>(facile)</td><td>O</td></tr>
<tr><td>O</td></tr>
<tr><td>O</td></tr>
<tr><td>O</td></tr>
<tr><td rowspan="3">KS 2<br>(einfach)</td><td rowspan="3">K2<br>(mittel)</td><td rowspan="4">B<br>(mäßig schwierig)</td><td rowspan="4">M<br>(media difficoltà)</td><td rowspan="4">PD<br>(peu difficile)</td><td>O</td></tr>
<tr><td>O</td></tr>
<tr><td>O</td></tr>
<tr><td rowspan="3">KS 3<br>(mäßig schwierig)</td><td rowspan="3">K3<br>(ziemlich schwierig)</td><td>O</td></tr>
<tr><td rowspan="4">C<br>(schwierig)</td><td rowspan="4">D<br>(difficile)</td><td rowspan="4">D<br>(difficile)</td><td>O</td></tr>
<tr><td>O</td></tr>
<tr><td rowspan="4">KS 4<br>(schwierig)</td><td rowspan="4">K4<br>(schwierig)</td><td>O</td></tr>
<tr><td>O</td></tr>
<tr><td rowspan="5">D<br>(sehr schwierig)</td><td rowspan="5">MD<br>(molto difficile)</td><td rowspan="5">TD<br>(très difficile)</td><td>O</td></tr>
<tr><td>O</td></tr>
<tr><td rowspan="4">KS 5<br>(sehr schwierig)</td><td rowspan="4">K5<br>(sehr schwierig)</td><td>O</td></tr>
<tr><td>O</td></tr>
<tr><td>O</td></tr>
<tr><td rowspan="4">E<br>(extrem schwierig)</td><td rowspan="4">ED<br>(estrema difficoltà)</td><td rowspan="4">ED<br>(extrêmement difficile)</td><td>O</td></tr>
<tr><td rowspan="3">KS 6<br>(äußerst schwierig)</td><td rowspan="3">K6<br>(extrem schwierig)</td><td>O</td></tr>
<tr><td>O</td></tr>
<tr><td>O</td></tr>
</table>

# Ausrüstung

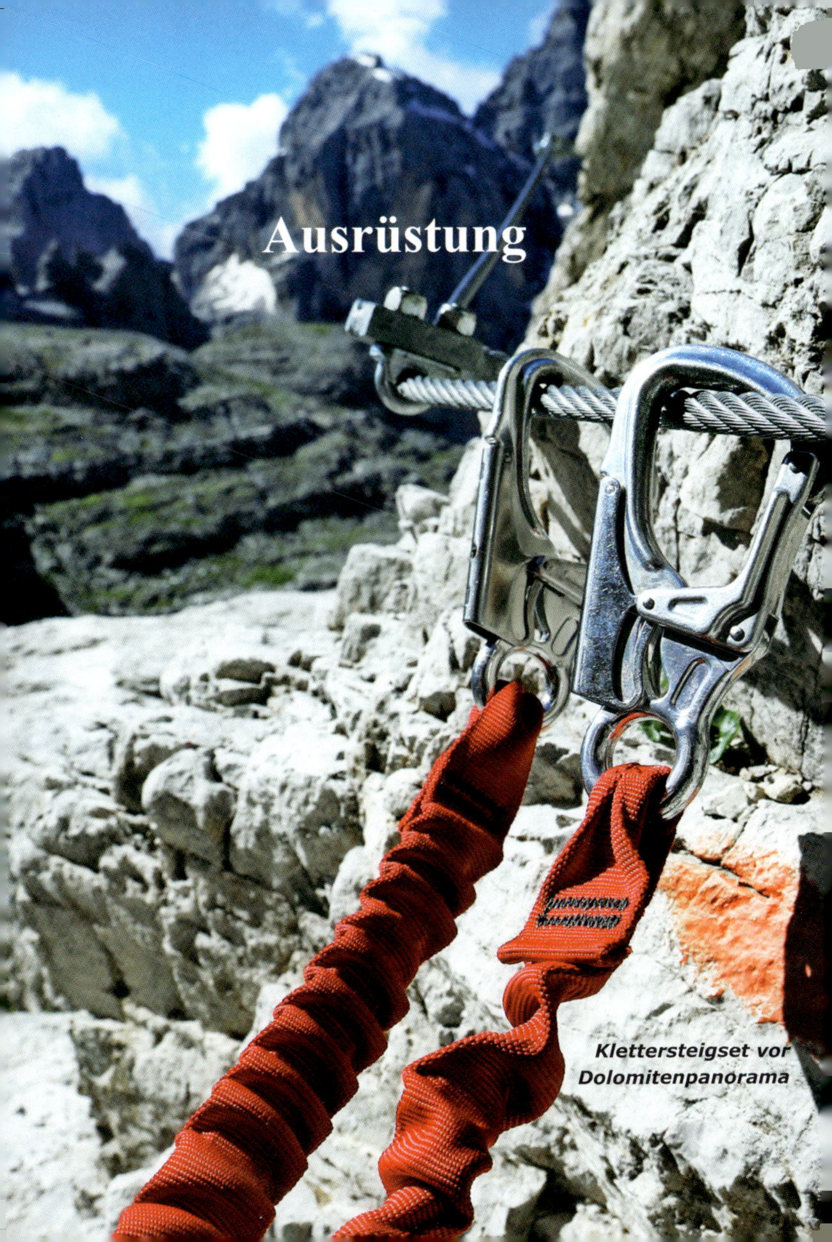

Klettersteigset vor Dolomitenpanorama

Egal welcher Klettersteig begangen wird, der Ausrüstung kommt dabei eine entscheidende Bedeutung zu. Im Extremfall kann das Leben von der richtigen Wahl der Ausrüstung abhängen.

Im Folgenden wird die Ausrüstung in „klettersteigspezifische Ausrüstung" (Sicherheitsausrüstung) und „allgemeine Ausrüstung" (Bergausrüstung) aufgegliedert.

## Klettersteigspezifische Ausrüstung

In dieser Unterkategorie werden die Ausrüstungsgegenstände behandelt, die während eines Klettersteigs von essenzieller Wichtigkeit sind. Im Einzelnen sind dies:

- Klettersteigset
- Klettergurt
- Kletterhelm
- Handschuhe
- Bergschuhe
- sonstige Ausrüstung (Sicherungsseil, Bandschlingen, Karabiner, Express-Sets und Seilrolle)

**Der sicherungstechnische Hintergrund** der Klettersteigausrüstung liegt darin, den Klettersteiggeher bei einem Sturz möglichst weich abzubremsen, um Verletzungen der Wirbelsäule etc. zu vermeiden. Dazu besitzen moderne Klettersteigsets einen sogenannten Bandfalldämpfer, der bei der Belastung durch einen Sturz aufreißt und so die Energie des Sturzes aufnimmt.

Zur Veranschaulichung bietet sich der Vergleich zum klassischen Klettern mit Seil an. Moderne Kletterseile haben bei einem Normfangstoß eine dynamische Seildehnung von 28-35 %, die bei einem Sturz den Kletterer über mehrere Meter relativ sanft abbremsen. Im Vergleich dazu bietet ein Klettersteigset durch seinen Bandfalldämpfer nur maximal 2,2 m Bandschlinge, die aufreißen kann. Getestet wird jedes Klettersteigset mit einer Masse von 40 kg und einer von 120 kg. Die Masse fällt dabei aus 5 m Höhe im freien Fall in das Klettersteigset. Der Fangstoß darf dabei bei 40 kg 3,5 kN und bei 120 kg 6 kN nicht übersteigen. Stürze in Klettersteigsets sind dadurch um ein Vielfaches härter als beim Sportklettern, obwohl die Fallhöhe geringer ist.

# Klettersteigset

Klettersteigsets bestehen aus zwei speziellen Klettersteigkarabinern mit Verschlusssicherung, die an zwei Schlingen mit genähtem Bandfalldämpfer befestigt sind. Die Klettersteigsets erfüllen dabei zwei essenzielle Funktionen: Bei einem Sturz halten die Karabiner am letzten Haken und durch die starke Belastung reißt der Bandfalldämpfer auf und bremst so den Sturz ab. Die Klettersteigsets sind dabei ein Notsystem und ein Sturz ist in jedem Fall zu vermeiden.

Die einzelnen Bestandteile eines Klettersteigsets sind:

- ▷ Bandfalldämpfer
- ▷ Karabiner
- ▷ Lastarme
- ▷ Rastschlinge
- ▷ Einbindeschlinge

## Bandfalldämpfer (Klettersteigdämpfer)

Der Bandfalldämpfer besteht aus einer, ähnlich einer Ziehharmonika, vernähte Bandschlinge mit einer Reißnaht, die bei einem Sturz aufreißt und so die Sturzenergie aufnimmt und den Klettersteiggeher weicher abbremst. Moderne Klettersteigsets, nach der neuen Norm für Klettersteigsets DIN EN 958:2017-05, sind mit einem System versehen, das die Bremskraft progressiv ansteigen lässt. So werden Kinder oder leichte Personen weicher aufgefangen als schwere Personen und stellen so einen Unterschied zu linear wirkende Systemen dar.

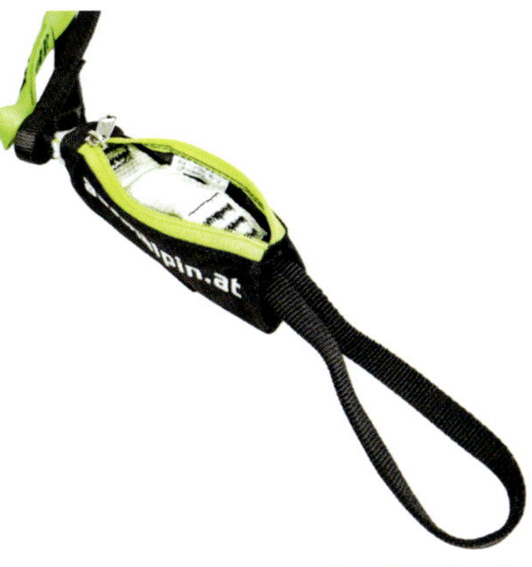

*Bandfalldämpfer*

**SICHERHEITSTIPP:** Als veraltet gelten Systeme mit Seilbremsen, die den Fangstoß durch Reibung eines Sicherungsseiles in einer Seilbremse aufnehmen. Bei

Nässe oder feuchten Seilen versagt diese Bremswirkung. Außerdem ist die Abstimmung auf das jeweilige Körpergewicht des Trägers schwer bis unmöglich zu justieren. Diese Systeme sollten dem Antiquariat zugeführt werden und gegen moderne Klettersteigsets mit Bandfalldämpfer nach DIN EN 958:2017-05 eingetauscht werden.

## Klettersteigkarabiner

Die Klettersteigkarabiner unterscheiden sich im Vergleich zu normalen Karabinern beim Klettern in ein paar wesentlichen Punkten. Zum einen sind sie stabiler, bruchfester und größer als normale Karabiner. Zum anderen haben sie eine automatische Verriegelung des Schnappers. Die verschiedenen Hersteller unterscheiden sich teils wesentlich in der Gestaltung der Karabiner, das Prinzip ist allerdings bei allen das gleiche. Der Schnapper kann sich nicht von selbst öffnen und muss aktiv durch Drücken entriegelt werden. Die Karabiner dürfen nur in Verbindung mit einem Klettersteigset verwendet werden und sind aufgrund der DIN-Norm mit dem Klettersteigset fest vernäht und zudem mit einem „K" gekennzeichnet.

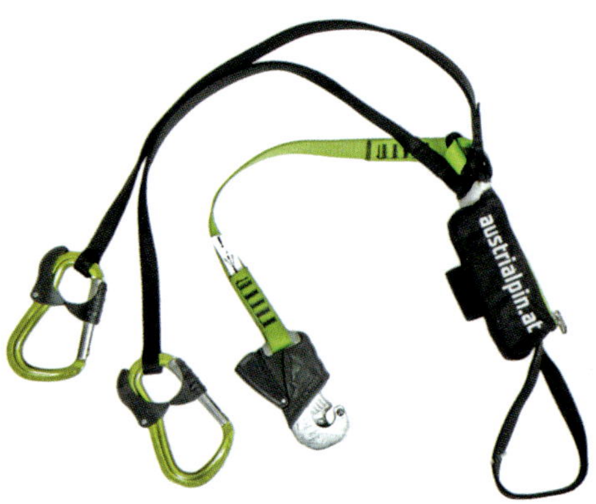


*Klettersteigset mit Seilbremse von Austria Alpin*

Das Handling der Karabiner beim Klippen unterscheidet sich teils stark bei den verschiedenen Modellen. Es empfiehlt sich, im Fachhandel die Bedienung gut zu prüfen und das für Sie beste Set auszuwählen, denn das Klippen ist eine der Hauptbeschäftigungen auf Klettersteigen und gut funktionierender Karabiner sparen wertvolle Zeit auf der Tour.

**SICHERHEITSTIPP:** Nur geschlossene Karabiner gewähren die hohe Bruchlast. Offen halten sie um ein Vielfaches weniger. Durch den Gebrauch kann es u. U. vorkommen, dass ein Karabiner nicht mehr von selbst schließt. Meist liegt es an der Feder. Mit etwas Öl kann diese wieder gängig gemacht werden. Schließt der Karabiner trotz des Öls nicht, muss das Set gegen ein neues ausgetauscht werden.

## Lastarme

Als Lastarme werden die beiden Schlingen bezeichnet, die vom Bandfalldämpfer zu den Karabinern führen. Aktuelle Modelle sind meist mit einem elastischen Gummizug versehen, sodass die Karabiner in erreichbarer Nähe bleiben und nicht beim Höhersteigen weit unter dem Kletterer schwingen.

Manche Klettersteigsets besitzen zwischen dem Bandfalldämpfer und den Lastarmen noch ein Wirbelgelenk. Dieses bietet den Vorteil, dass sich die Lastarme beim ständigen Klippen nicht verdrehen. Ein Bespiel ist das Modell Cable Comfort von Edelrid.

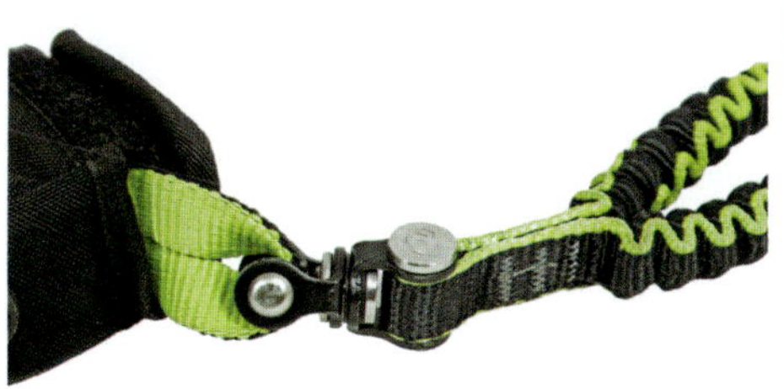

*Manche Klettersteigsets besitzen einen Drehwirbel, der ein Verdrehen der beiden Lastarme verhindert*

Die Länge der Lastarme kann zwischen den verschiedenen Herstellern variieren. Im Fachgeschäft sollte daher die Länge und die bequeme Erreichbarkeit der Karabiner entsprechend getestet werden. Kinder sollten generell Kinderklettersteigsets verwenden. Abgesehen vom geringeren Körpergewicht ist auch die Länge der Lastarme auf kürzere Kinderarme ausgerichtet.

## Rastschlinge

Viele Klettersteigsets bieten die Möglichkeit, gleich hinter dem Bandfalldämpfer einen Karabiner einzuhängen (Herstellerangaben beachten), um die Kurzfixierung an Ruhepositionen zu ermöglichen. Vor allem an schweren Klettersteigen ist der zusätzliche Karabiner gut geeignet und ermöglicht es, eine kurze Rast einzulegen. Möchte man beispielsweise eine kleine Fotopause einlegen oder muss man

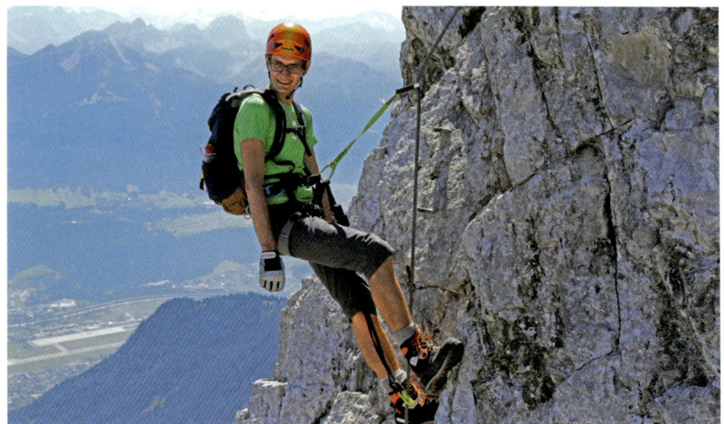

*Rasten mit dem Ferrata Bloc*

an der Schlüsselstelle kurz die Arme ausschütteln, kann dieser Karabiner, sofern sich eine Möglichkeit bietet, in eine Verankerung, an Trittbügeln, Leitersprossen oder Eisenbügeln eingehängt werden.

Alternativ zur Kurzfixierung kann man sich auch in das Klettersteigset komplett hineinsetzten. Der Bandfalldämpfer löst dabei nicht aus, da die einwirkende Kraft zu gering ist. Allerdings hängt man aufgrund der Länge der Lastarme relativ tief und wackelig.

**ACHTUNG:** Bei einer Rast mit Kurzfixierung bleiben die beiden Klettersteigkarabiner immer im Stahlseil eingehängt. Wird an einer Verankerung gerastet, werden die beiden Karabiner oberhalb der Verankerung eingehängt.

**ACHTUNG:** Die Kurzfixierung mit dem zusätzlichen Karabiner nur an statischen Ruhepositionen verwenden! Nach der Rast darf er nicht direkt in den Gurt eingehängt werden, weil er sonst den Bandfalldämpfer überbrückt und wirkungslos macht.

## Einbindeschlinge

Alle gängigen Klettersteigsets besitzen eine vernähte Einbindeschlinge, die an der Einbindeschlaufe des Klettergurts mittels Ankerstich befestigt wird.

## Bauart: Y oder V

Wird die Art und Weise betrachtet, wie die Karabiner hinter der Klettersteigbremse angebracht, sind lassen sich zwei Bauarten unterscheiden: die veraltete V-Bauart und die heutige Y-Bauart.

- ▷ Bei der **V-Bauart** ist die Klettersteigbremse in der Mitte des Seils zwischen den beiden Karabinern eingefädelt. Daher darf zwischen den Sicherungspunkten auch nur ein Karabiner eingehängt bleiben, was das Risiko des Karabinerbruchs erhöht. Außerdem ist die Bremswirkung der Seilbremse bei unterschiedlichen Körpergewichten zweifelhaft und bei Nässe wird die Bremskraft enorm zum Negativen beeinflusst.
- ▷ Bei der zeitgemäßen **Y-Bauart** sind die beiden Lastarme hinter dem Bandfalldämpfern in Form eines Y angebracht. Dadurch werden immer zwei Karabiner ins Stahlseil eingehängt.

**SICHERHEITSTIPP:** Von den alpinen Vereinen werden nur noch Klettersteigsets in **Y-Bauart mit Bandfalldämpfer** empfohlen! Die veraltete V-Bauart mit Seilbremse sowie die veraltete Y-Bauart mit Seilbremse sollten nicht mehr verwendet werden und umgehend dem Antiquariat zugeführt werden.

## Sonderform Klettersteigbremse

Eine Sonderform bildet die Entwicklung von Klettersteigbremsen, z. B. dem Ferrata Bloc von Austrialpin oder dem Rider 3.0 von Skylotec. Beim Ferrata Bloc handelt es sich um eine zusätzliche Bremse, die in Kombination mit einem Klettersteigset zusätzlich in der Einbindeschlaufe des Klettergurtes befestigt wird und die Fallhöhe an schwierigen Stellen entscheidend verkürzen kann. Die Idee dahinter ist es, eine

*Der Ferrata Bloc*

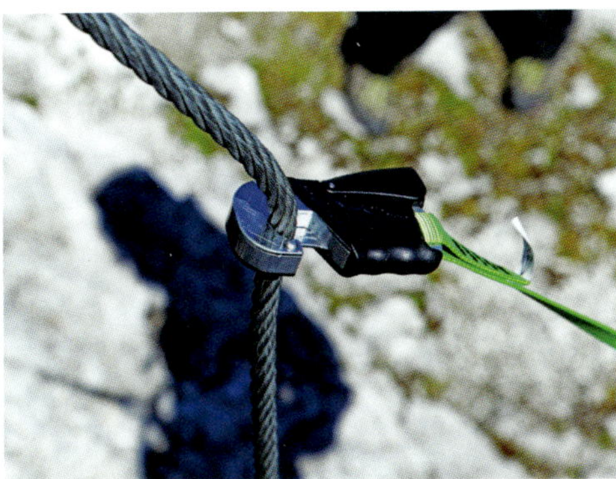

zusätzliche Bremse am Gurt dabeizuhaben. In der Regel bleibt sie die meiste Zeit am Gurt. Bei Bedarf wird sie in das Sicherungsseil eingehängt und bietet so einem Rücklaufschutz, sodass auch am freien Seil eine Rast eingelegt werden kann. Im Sturzfall verkürzen sie den möglichen Fall auf ein Minimum. Allerdings funktioniert sie nur bei passendem Durchmesser des Stahlseils.

## Wichtiges für Lagerung und Gebrauch

Unter dem Sicherheitsaspekt betrachtet sollten bei einem Klettersteigset folgende Punkte beachtet werden:

- Am Klettersteigset nichts verändern oder versuchen zu reparieren!
- Trocken lagern! Schimmelnde Bandfalldämpfer bilden ein hohes Sicherheitsrisiko!
- Bei Beschädigungen nach einem Sturz, einer beschädigten Naht, Brandspuren durch Reibung o. Ä. das Set umgehend ersetzen!
- Nur noch Y-Bauart mit Bandfalldämpfer verwenden!

**SICHERHEITSTIPP:** Die Lebensdauer eines Klettersteigsets richtet sich nach der Häufigkeit der Nutzung. Als Faustformel sollte bei wöchentlicher Nutzung das Set nach einem Jahr getauscht werden. Bei gelegentlicher Nutzung sollte es spätestens nach sieben Jahren gegen ein neues ersetzt werden. (Herstellerangaben beachten!)

## Norm für Klettersteigsets DIN EN 958:2017-05

Im Mai 2017 ist die neue Norm für Klettersteigsets DIN EN 958 in Kraft getreten. Sie regelt die Anforderungen an Klettersteigsets und hilft, die Sicherheit auf Klettersteigen zu erhöhen. Im Handel sind allerdings auch noch Klettersteigsets nach der alten Norm zu finden. Diese dürfen noch im Rahmen ihrer Lebensdauer verkauft werden. In der Saison 2017 gefertigte Sets müssen aber schon den neuen Anforderungen entsprechen.

Neu an der DIN EN 958:2017-05 ist:

- **Fangstoß:** Der Fangstoß ist am Anfang des Bremsvorgangs deutlich niedriger als bei älteren Sets. Die Sets werden nicht mehr nur eine Sturzmasse von 80 kg, sondern auch eine von 40 kg sowie 120 kg getestet. Dadurch wird die Sicherheit für leichtere bzw. schwerere Klettersteiggeher erhöht.
- **Bremslänge:** Die zulässige Bremslänge wurde durch die neuen Anforderungen von 120 cm auf 220 cm erhöht.

- ▷ **Lastarme**: Die elastischen Lastarme durchlaufen einen Zyklustest, um zu gewährleisten, dass sie auch nach vielen Einsatzstunden noch ausreichende Festigkeit aufweisen.
- ▷ **Mindestfestigkeit:** Elastische Lastarme müssen eine Mindestfestigkeit von 12 kN, nichtelastische Lastarme von 15 kN aufweisen.
- ▷ **Nässetest:** Auch bei Nässe muss das Klettersteigset einen ausreichend niedrigen Fangstoß sicherstellen.
- ▷ **Ansprechkraft:** Die Ansprechkraft muss über 1,3 kN liegen.
- ▷ **Gewicht:** Aufgrund der neuen Anforderungen fallen die neuen Klettersteigsets etwas größer und schwerer aus.

## Klettergurt

Die Verbindung zwischen Klettersteigset und Körper wird durch den Klettergurt hergestellt. Dabei gibt es drei Möglichkeiten: den **Hüftgurt**, die **Hüft-Brustgurt-Kombination** oder den **Kombigurt**. Die Wahl der idealen Klettergurtkombination ist eine viel diskutierte Frage bei Klettersteigehern. In der Praxis wird meist nur ein Hüftgurt verwendet. Ob dies ausreichende Sicherheit gewährleistet, ist umstritten.

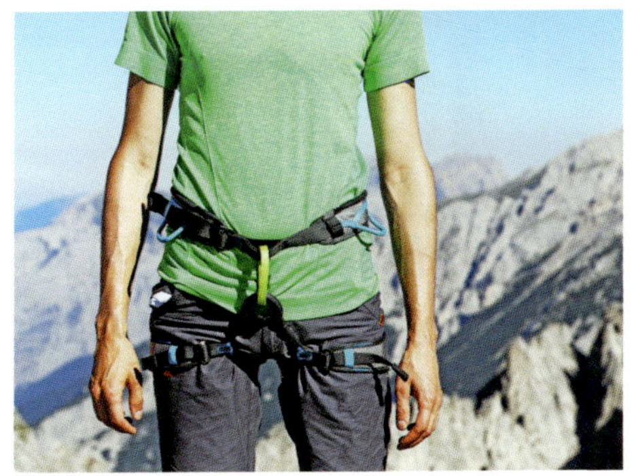

*Hüftgurt*

Da in alpinem Gelände meist ein Rucksack mit auf der Tour ist, empfehle ich an dieser Stelle einen Kombigurt oder eine Kombination aus Hüft- und Brustgurt. Bei diesen Gurtkombinationen bzw. Modellen erfolgt das Einbinden des Klettersteigsets etwas höher am Körper und der Körperschwerpunkt wird dadurch nach oben verschoben. Bei einem möglichen Sturz besteht so nicht die Gefahr, nach hinten zu kippen und beim Anprallen an den Fels Verletzungen am Hinterkopf oder der Wirbelsäule davonzutragen, wie es bei ausschließlicher Verwendung von Hüftgurten unter Umständen der Fall sein kann.

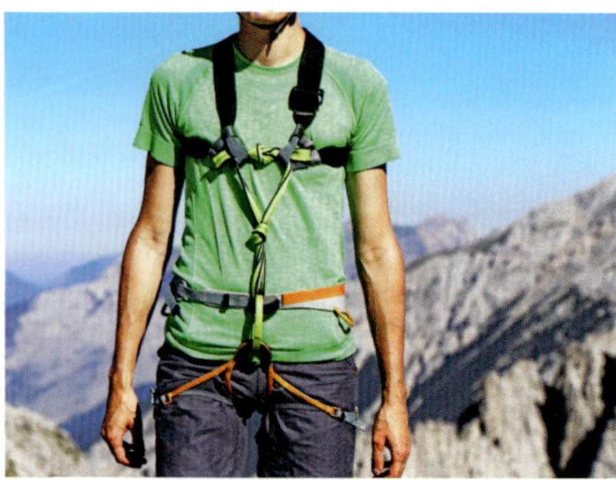
Hüft-Brustgurt-Kombination

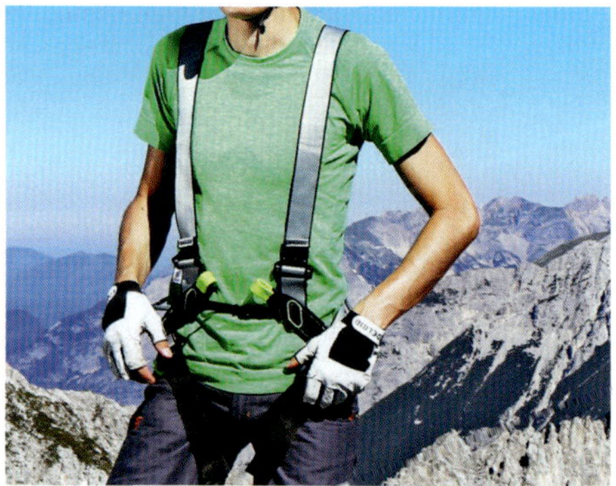
Kombigurt

Bei der Wahl des Klettergurtes empfiehlt sich ein Modell zu wählen, das beauem ist, Bewegungsfreiraum bietet und den jeweiligen persönlichen Anforderungen genügt. Je nachdem was für Touren geplant sind, bieten die Hersteller ein breites Spektrum an passenden Modellen. Soll der Gurt beispielsweise auch für lange, alpine Touren auf dem Gletscher verwendet werden, bietet sich evtl. ein extrem leichtes Modell an, das allerdings meist Abstriche im Komfort fordert. Wird der Gurt neben gelegentlichen Klettersteigen hauptsächlich in Kletterhallen beim Sportklettern verwendet, bei dem das Stürzen und Sitzen im Gurt zum Spiel dazugehören, empfiehlt es sich, einen bequemen Gurt zu wählen, der dann allerdings auch etwas mehr Gewicht auf die Waage bringt. Außerdem ist auf die Anzahl und das Material der Materialschlaufen zu achten. Möchten Sie beispielsweise zusätzliche Karabiner, Express-Sets, Abseilachter, Prusikschlinge etc. mitführen, sind vier Materialschlaufen sinnvoll. Zudem sind Materialschlaufen aus Gewebe bequemer unter dem Rucksack zu tragen als Materialschlaufen aus Hartplastik.

Es empfiehlt sich eine Beratung im Fachgeschäft. Idealerweise bringen Sie Ihren Klettersteigrucksack zur Anprobe des Klettergurtes mit. Es empfiehlt sich beim Kauf darauf zu achten, ob der Rucksack bequem in Kombination mit dem Gurt getragen werden kann.

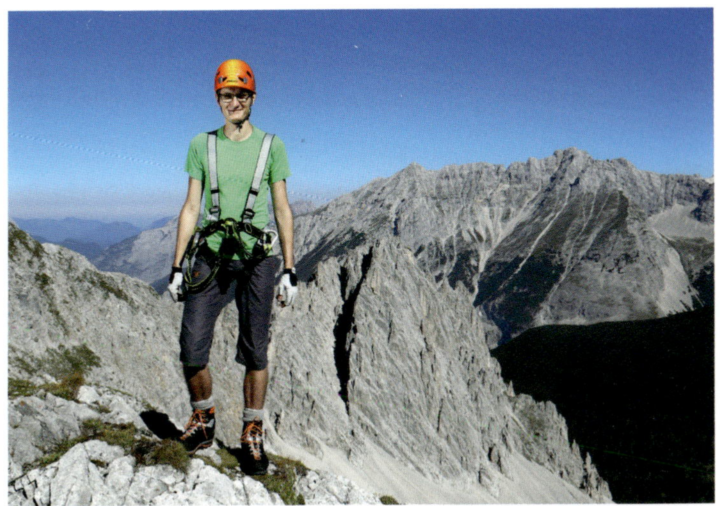

*Klettersteigset und Kombigurt*

**SICHERHEITSTIPP:** Für Kinder wird generell eine Brust-Hüftgurt-Kombination oder ein Kombigurt empfohlen. Aufgrund dessen, dass der Kopf in Relation zum Körper größer und schwerer ist als bei Erwachsenen, ist der Schwerpunkt von Kindern generell höher, sodass bei Verwendung eines Hüftgurtes die Gefahr des Überkippens und aufgrund der schmalen Taille zudem die Gefahr des kompletten Herausrutschens aus dem Klettergurt besteht. Gleiches gilt bei übergewichtigen Menschen ohne ausgeprägte Hüfte.

**ACHTUNG:** Ein Brustgurt darf niemals als einzige Sicherungsart verwendet werden, sondern immer nur in Kombination mit einem Hüftgurt.

## Kletterhelm

Ein Steinschlaghelm gehört zu jeder Klettersteigausrüstung. Er ist der erste Ausrüstungsgegenstand, der angelegt wird, und bleibt in der Regel die ganze Tour auf dem Kopf. In alpinem Gelände, in Schotterrinnen oder an steilen Felswänden besteht immer die Möglichkeit, dass Steine von oben herabfallen. Bei Klettersteigen kommt hinzu, dass vorauskletternde Personen Steine lostreten oder Ausrüstungsgegenstände verlieren können. Sogar ein verirrter Rucksack kann Ihnen von oben entgegen kommen, wie ich schon einmal erleben durfte. In solchen Fällen ist der Helm ein unverzichtbarer Bestandteil der persönlichen Sicherheitsausrüstung (PSA).

Auf dem Klettersteig schützt der Helm den Kopf vor zwei Gefahren: zum einen vor Steinschlag, losgetretenen Steinen oder verlorenen Ausrüstungsgegenständen von Vorauskletternden, zum anderen vor dem Anprallen des Kopfes an den Fels beim Steigen oder im schlimmsten Fall bei einem Sturz.

Bei der Wahl des richtigen Helmes sollte darauf geachtet werden, dass er vor allem bequem ist und genügend Belüftungsöffnungen hat. Auf dem Markt gibt es zahlreiche Modelle, die den Sicherheitsstandards entsprechen (Siegel: CE und UIAA). Neben dem bequemen Sitz kann bei der Wahl auch ein Augenmerk auf das Verstellsystem zum leichten Anpassen oder Nachjustieren gelegt werden. Ein Kauf im Fachgeschäft bietet neben der Beratung auch den Vorteil, mehrere Modelle bequem zu vergleichen.

**SICHERHEITSTIPP:** Keine Fahrradhelme verwenden! Diese haben meist größere Belüftungslöcher, durch die kleine Steine den Kopf treffen können.

**SICHERHEITSTIPP:** Kletterhelme besitzen je nach Material eine Lebensdauer von 3-5 Jahren (Herstellerangaben beachten!). Bei alten Helmen lohnt sich ein Blick auf deren Herstellungsdatum. Im Zweifelsfall austauschen.

## Handschuhe

Klettersteighandschuhe gehören spätestens bei Klettersteigen ab der Kategorie B (nach Kurt-Schall-Skala) zur Standardausrüstung. Der Kontakt zum Stahlseil beansprucht die Handinnenfläche sehr und führt leicht zu Blasenbildung. Außerdem können durch schadhafte Stellen am Stahlseil die Hände verletzt werden, was den Klettersteiggenuss stark beeinträchtigt.

Auf dem Markt sind zahlreiche Modelle verfügbar. Es gibt komplett geschlossene und offene Modelle, bei denen die Fingerspitzen herausschauen. Beim Kauf ist auf jeden Fall darauf zu achten, dass die Finger beim Umschließen des Seiles komplett geschützt sind und keine Stelle Kontakt zum Stahlseil hat. An solchen Stellen wären Blasen praktisch vorprogrammiert. Außerdem ist eine enge Passform empfehlenswert.

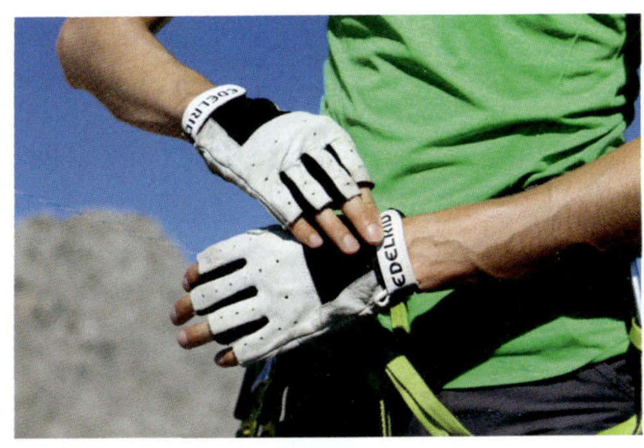

*Offene Klettersteighandschuhe*

☺ Ich persönlich empfehle offene Modelle. Dadurch ist mehr Gefühl in den Fingerspitzen, was für zusätzliche Sicherheit sorgt.

## Bergschuhe

Das Begehen von Klettersteigen verlangt einem Schuh einiges ab. So wird der mit Abstand größte Teil des Körpergewichtes über die Füße auf den Untergrund übertragen und das saubere Antreten kleiner Tritte, das Stehen auf spitzen Metallstiften oder das Klettern auf Reibung stellen hohe Anforderungen an die Sohle.

Bei der Wahl des richtigen Schuhwerks kommt es dabei stark auf den jeweiligen Klettersteig und die Rahmenbedingungen der gesamten Tour an (Zu- und Abstieg beachten). In der Regel empfiehlt sich ein bequemer, knöchelhoher Leichtbergschuh mit Profilsohle. Verschiedene Hersteller bieten auch extra knöchelhohe Klettersteigschuhe an, die im vorderen Bereich der Profilsohle extra einen profillosen Bereich (Climbing Zone) haben, um damit besser auf kleinen Tritten zu stehen oder an glatten Felswänden auch auf Reibung klettern zu können.

Von klassischen Trekkingschuhen, normalen Sportschuhen oder reinen Kletterschuhen ist abzuraten. Deren Sohlen sind oft zu weich und verfügen über kein richtiges Profil. Außerdem besteht ohne die knöchelhohe Ausführung auch bei erfahrenen Bergwanderern die Gefahr des Umknickens, was zu kritischen Situationen führen kann. Während eines Klettersteigs werden teilweise auch erdige, nasse oder geröllreiche Passagen zu bewältigen sein, für die beispielsweise reine Kletterschuhe nicht zu empfehlen sind. Außerdem müsste für den Zu- und

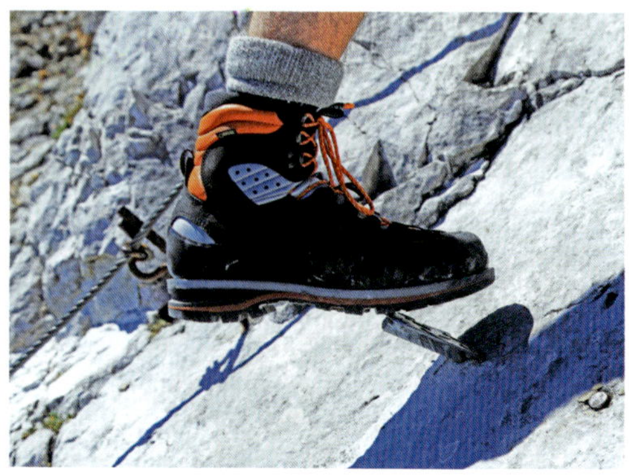
*Bergschuhe mit stabiler Sohle garantieren ein bequemes Stehen*

Abstieg ein zweites Paar Bergschuhe mitgeführt werden.

☺ Bei schwierigen Klettersteigen bietet es sich an, den Schuh eng zu schnüren. Damit ist der Schuh fest mit dem Fuß verbunden und ein guter Stand ist so auch auf kleinen Tritten gewährleistet.

☺ Eine gute Beratung im Fachgeschäft ist oft Gold wert.

**SICHERHEITSTIPP:** Neue Schuhe immer zuerst einlaufen. Nicht gleich aus dem Geschäft in die Tour starten. Druckstellen oder Blasenbildung zeigen sich meist erst nach ein paar Kilometern bergauf und bergab.

☺ Moderne Schuhe mit Funktionsmembran (Gore-Tex/Sympatex) müssen nicht langwierig eingelaufen werden und sollten daher schon im Geschäft perfekt passen. Bergstiefel mit Lederelementen müssen etwas eingelaufen werden. Sie sollten allerdings nach spätestens 40 km perfekt sitzen. Zu einem guten Schuh gehören auch die richtigen Socken. Denn im besten Schuh können mit den falschen Socken Blasen entstehen. In den entsprechenden Fachgeschäften werden meist auch zum Schuh passende Trekkingsocken angeboten. ☺ Mein Tipp: An den Socken nicht sparen.

## Sicherungsseil

Die Mitnahme eines zusätzlichen Sicherungsseils bietet sich an, um an schwierigen Wandstellen oder bei Notfällen eine zusätzliche Seilsicherung durchführen zu können. Sind Anfänger, Kinder oder schwächere Klettersteiggeher mit auf der Tour dabei, kann die korrekte Durchführung der zusätzlichen Seilsicherung dazu führen, kritische Situationen an schwierigen Passagen zu vermeiden und diese gut gesichert zu überwinden.

Das Seil sollte dabei ein Einfachseil mit einer Länge zwischen 15-25 m und einer Dicke von etwa 10 mm sein.

**ACHTUNG:** Die Mitnahme eines Sicherungsseiles erfordert auch das sichere Bedienen und die Beherrschung der korrekten Sicherungstechnik. Die alpinen Vereine Deutscher Alpenverein (DAV) oder Österreichischer Alpenverein (ÖAV) bieten Kurse, die den richtigen Umgang mit den Sicherungstechniken vermitteln (☞ Tourenplanung, Informationsquellen).

**SICHERHEITSTIPP:** Bei Klettersteigtouren mit Kindern empfiehlt sich die Mitnahme eines solchen Seiles!

## Bandschlinge, Karabiner und Express-Sets

Als Ergänzung zur Klettersteiggrundausrüstung bietet sich bei gewissen Touren auch die Mitnahme weiterer Ausrüstungsgegenstände an. Voraussetzung ist natürlich der sichere Umgang damit.

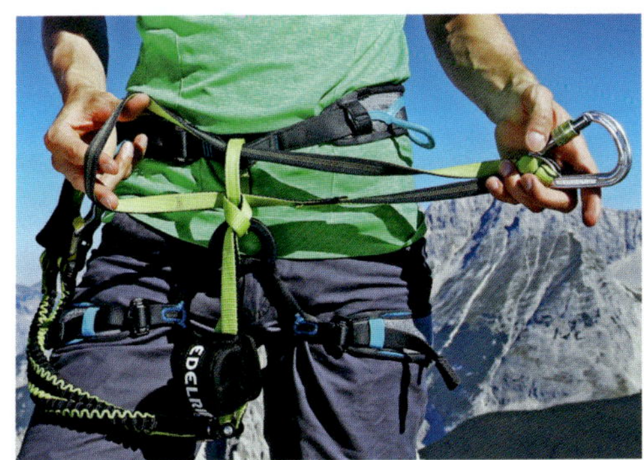

*Bandschlinge und HMS Karbiner zur Kurzfixierung einbinden*

▷ **Bandschlinge & HMS Karabiner (Kurzfixierung):** Sollte das Klettersteigset zur Kurzfixierung keine extra Halterung für einen dritten Karabiner besitzen, kann alternativ eine Bandschlinge (60 cm) und ein HMS Karabiner mitgeführt werden (☞ Sicherheit, Auf dem Klettersteig, Rasten mit der Kurzfixierung).

**ACHTUNG:** Kurzfixierung nur statisch verwenden! Nach der Rast Zusatzsicherungen generell entfernen und auf keinen Fall in einer senkrechten Passage im Stahlseil lassen (Keine Dämpfung und Bruchgefahr beim Sturz).

▷ **Express-Sets (zusätzliche Seilsicherung):** Bei der Mitführung eines Seils zur zusätzlichen Seilsicherung bieten sich auch die Mitnahme von 1-3 Express-Sets an. Sie können bei einem Quergang in die Verankerung eingehängt werden und erleichtern so die Seilführung (☞ Sicherheit, Auf dem Klettersteig, Zusätzliche Seilsicherung).

**ACHTUNG:** Die zusätzliche Seilsicherung sollte nur bei absoluter Beherrschung der Sicherungstechnik und -ausrüstung verwendet werden. Bei falscher Anwendung droht Absturz und Lebensgefahr!

## Seilrolle

Manche Klettersteige umfassen Seilrutschen. Ist in der entsprechenden Führerliteratur eine solche Seilrutsche im geplanten Klettersteig aufgeführt, sollte eine

*Seilrutsche am Königsjodler*

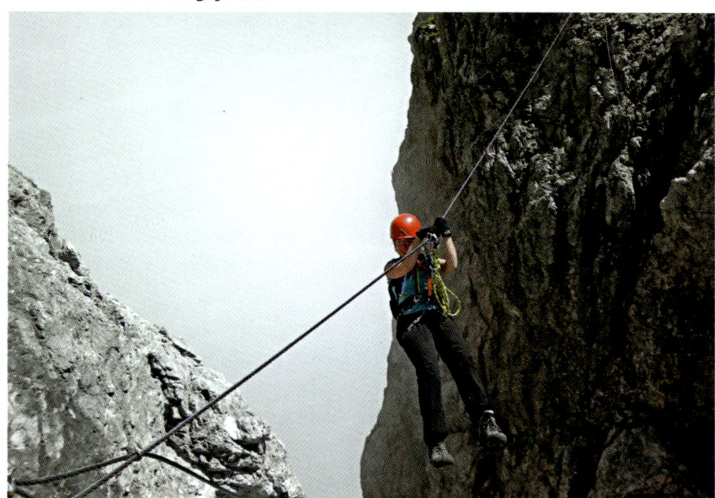

Seilrolle mitgeführt werden. In der Regel gibt es neben der Seilrutsche auch eine Umgehung. Für diese benötigen Sie allerdings meist deutlich mehr Zeit.

**ACHTUNG:** Auch mit Seilrolle bleiben beide Klettersteigkarabiner hinter der Seilrolle im Stahlseil eingehängt.

**ACHTUNG:** Im Handel werden zwei Arten von Seilrollen angeboten. Die meist günstigere Variante ist nur für Textilseile geeignet. Diese dürfen bei Klettersteigen nicht verwendet werden, da sich das meist aus Kunststoff bestehende Laufrad am harten Stahlseil des Klettersteigs buchstäblich auflöst. Beim Kauf einer Seilrolle ist darauf zu achten, dass sie für Stahlseile geeignet ist und der Durchmesser zum Stahlseil des Klettersteigs passt.

**ACHTUNG:** An Seilrutschen niemals nur den Klettersteigkarabiner einhängen, sondern eine Seilrollen verwenden! Durch die Reibung von Metall auf Metall kann der Karabiner Schaden nehmen.

## Wichtig bei der Neuanschaffung

Der gesamten Sicherheitsausrüstung kommt im Ernstfall eine große Bedeutung zu. Darum sollte das Material mit Bedacht gewählt werden. Außerdem muss das bestehende Material vor jeder Tour sorgfältig geprüft werden, um es gegebenenfalls noch austauschen zu können.

Einige wichtige Punkte sollten bei der Wahl der Ausrüstung bedacht werden:

- ▷ Bei der Neuanschaffung von Klettersteigsets sollten nur die neuen **DIN EN 958:2017-05 zertifizierten Sets** gekauft werden. Besitzen Sie noch ein Klettersteigset mit der alten DIN EN 958:2011-02 Norm, empfiehlt sich vor allem bei niedrigem (40 kg) oder hohem Körpergewicht (120 kg) in jedem Fall ein Wechsel zu einem neuen Set.
- ▷ Bei vorhandener Ausrüstung ist deren **Lebensdauer zu beachten** und sie ist gegebenenfalls gegen neue Ausrüstung auszutauschen (jeweilige Herstellerangaben beachten). Auch im Geschäft lohnt sich ein Blick auf das Herstellungsdatum, um zu vermeiden, dass Sie schon lange im Regal liegendes Material kaufen, das dadurch entsprechend kürzer verwendet werden kann. Ausschlaggebend ist das Herstellungsdatum und nicht das Kaufdatum.

- ▷ Aus sicherheitsspezifischen Gründen sollte auf **keinen Fall gebrauchtes Material** gekauft werden.
- ▷ Im Fachgeschäft kann die Passform und der korrekte Sitz der Ausrüstung ausgiebig geprüft werden. Die Wahl sollte nicht anhand von Farbe, Marke oder Kaufgewohnheit getroffen werden, sondern anhand dessen, was am besten zu Ihren eigenen Anforderungen passt.

# Allgemeine Ausrüstung

Neben der Sicherheitsausrüstung wird auf einer Klettersteigtour auch Ausrüstung benötigt, die beim klassischen, alpinen Bergwandern Anwendung findet. Bergschuhe mit tritt- und rutschfester Sohle, ein passender Rucksack, Regenschutz, warme Kleidung (auch im Sommer) und eine Ausrüstung für Notfälle sollten bei keiner Tour fehlen. ☞ In der Checkliste ist die wichtige Grundausrüstung nochmals ausführlich aufgelistet.

- ▷ Rucksack
- ▷ Kleidung
- ▷ Essen und Trinken
- ▷ Karte, Kompass und GPS
- ▷ Teleskopstöcke
- ▷ Übernachtung in Hütten
- ▷ sonstige Zusatzausrüstung

Je nach Tour muss im Rahmen der Tourenplanung evtl. auch noch entsprechende Zusatzausrüstung eingeplant werden (z. B. Gletscherausrüstung).

## Rucksack

Die Größe des Rucksacks ist vom jeweiligen Träger und der geplanten Klettersteigtour abhängig. Für die meisten Touren empfiehlt sich ein kleiner, klettertauglicher Rucksack mit schmalem Schnitt und einem Fassungsvermögen von etwa 30-35 l. Er sollte wenige Schlaufen besitzen, um die Gefahr des Hängenbleibens zu minimieren. Die Bauch- und Brustfixierung sollte stabil und bequem sein, um ein Verrutschen oder Schwingen beim Klettern zu vermeiden. Außerdem sollte der Rucksack nicht zu hoch sitzen, damit Sie sich auch mit Helm auf dem Kopf frei bewegen und nach oben schauen können.

Bei längeren Touren von Hütte zu Hütte oder bei viel zusätzlicher Ausrüstung nimmt auch die Größe des Rucksacks entsprechend zu. Bei kurzen Tagestouren oder auf Fun-Klettersteigen kann unter Umständen ganz auf einen Rucksack verzichtet werden.

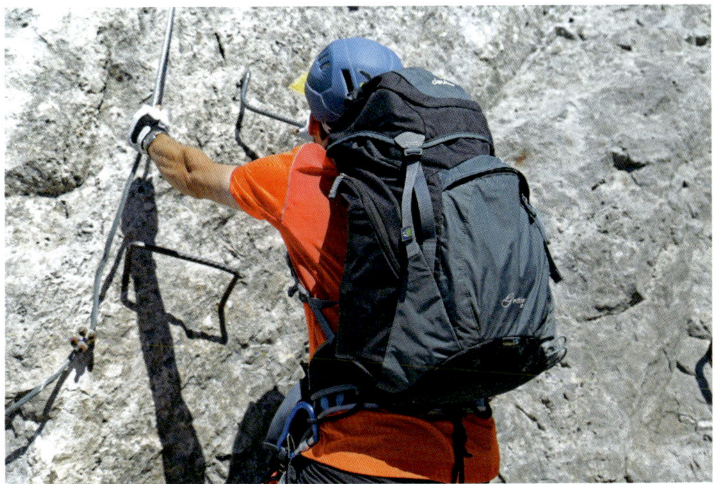

*Eng anliegender Kletterrucksack für Tagestouren*

☺ Bei der Wahl des richtigen Rucksacks empfiehlt sich eine Beratung im Fachgeschäft. Das Probetragen verschiedener Modelle mit Gewichten ist oft Gold wert. Idealerweise testet man neue Rucksäcke gleich mit angelegtem Klettergurt und Helm, um Druckstellen bereits beim Anprobieren zu entdecken.

**SICHERHEITSTIPP:** Auf die Höhe achten! Mit Helm kann ein zu hoher Rucksack beim Hinaufschauen stören.

**ACHTUNG:** Bei hohem Gewicht des Rucksacks ist in jedem Fall ein Kombigurt oder eine Hüft-Brustgurt-Kombination zu verwenden. Es besteht sonst bei einem Sturz die Gefahr des nach hinten Überkippens.

## Kleidung

Die Kleidung orientiert sich am Anspruch der geplanten Tour. Faktoren wie Jahreszeit, Höhenlage, Länge und zu erwartendes Wetter spielen eine zentrale Rolle bei der Planung der passenden Kleidung. In der Regel empfiehlt sich moderne Funktionskleidung. Sie ist schnelltrocknend und verhältnismäßig leicht. Dabei sollte die Belastbarkeit des Materials ebenfalls berücksichtigt werden. Zu leichtes Gewebe reißt unter Umständen schnell an der ersten Verankerung und der Gewinn durch die ultraleichte Ausführung hält sich in Grenzen. Die mitgeführte Kleidung sollte idealerweise aus mehreren Schichten bestehen. Stichwort: „Zwiebellook“. So können morgens, wenn der Körper auf Betriebstemperatur gekommen ist, die äußeren Schichten abgelegt werden und bei der Rast auf dem Gipfel oder Wetteränderungen wieder einzelne Schichten übergestreift werden. Die einzelnen Schichten schaffen ein Luftpolster, das eine gute Wärmeisolation darstellt.

Bei talnahen Sportklettersteigen reichen im Hochsommer oftmals eine kurze Hose und ein T-Shirt. Bei alpinen Klassikern empfiehlt sich das Zwiebelprinzip.

Generell sollte die Kleidung so geplant sein, dass auch Wetterumschwünge mit Regen, Schnee und Nebel kein Problem darstellen. Auch im Sommer sollte bei alpinen Touren immer warme Kleidung als Plan B mitgeführt werden.

☺ Die unterste Schicht sollte nicht aus Baumwolle bestehen, da diese schnell Feuchtigkeit aufnimmt, speichert und nur langsam abgibt.

☺ In Berghütten gibt es in der Regel keine Waschmaschinen. Allerdings kann im Waschraum meist von Hand gewaschen werden. Es empfiehlt sich, bei längeren Touren ein entsprechendes Waschmittel für die Handwäsche einzupacken.

## Essen und Trinken

Klettersteige kosten viel Kraft und damit Energie. Während der Tour sollte dem Körper daher wieder Energie zugeführt werden. Dies kann in Form von Energieriegeln oder der klassischen Brotzeit bei einer Pause geschehen. Vor allem im Sommer ist außerdem auf ausreichend Flüssigkeit zu achten. Gerade auf Klettersteigen besteht meist nicht die Möglichkeit, seine Wasservorräte an einem Bach oder einer Quelle wieder aufzufüllen. Darum nehmen Sie im Sommer lieber etwas mehr Wasser mit. Als Faustformel rechnet man etwa 3 l Wasser pro Person während einer Tagestour. In der Klettersteig-Praxis haben sich auch isotonische Getränke oder mit Wasser verdünnte Fruchtsäfte in einer Trinkblase bewährt.

**SICHERHEITSTIPP:** Eine Ration Nahrung für eine Notsituation sollte immer mitgeführt werden. Wenn die Kraft nachlässt oder man ungeplant zu einem Notbiwak gezwungen wird, sind Energieriegel, Schokolade, Energie-Gel, Pumpernickel etc. Gold wert.

☺ In AV-Hütten können Mitglieder der Alpenvereine DAV, ÖAV, LAV und AVS ein Bergsteigeressen bestellen. Es ist ein vollwertiges Hauptgericht und im Vergleich zu regulären Gerichten mindestens um 10 % ermäßigt. Es darf zudem nicht über € 8 kosten.

☺ Gehört der Klettersteig zu einer Mehrtagestour, müssen zusätzliche Nahrungsvorräte mitgenommen werden.

## Topo, Karte, Kompass und GPS

Ein **Topo** des Klettersteigs (grafische Darstellung der Kletterroute) sowie eine topografische Wanderkarte des Gebietes für den Zu- und Abstieg sollten bei jeder Klettersteigtour im Rucksack sein. Auf dem Topo kann die Abfolge der zu erwartenden Schwierigkeiten gut überblickt werden und mögliche Plätze für Pausen oder Notabstiege lassen sich schnell finden (☞ Tourenplanung, Topo lesen).

**Kompass** und **GPS-Geräte** helfen besonders bei langen Steigen bei der Orientierung im Gelände. GPS Geräte zeichnen zudem Daten auf, die zu Hause ausgewertet werden können. Sie sollten die reine Papierkarte allerdings nicht komplett ersetzen, sondern ergänzend dazu verwendet werden. Bei Komplikationen mit dem Gerät wie z. B. einem leeren Akku, defektem Display oder Verlust sollte man sich während der Tour dennoch weiterhin problemlos orientieren können.

☺ Drucken Sie das Topo idealerweise mit einem Laserdrucker aus. Diese Ausdrucke sind im Vergleich zu einem Tintenstrahldrucker wasserbeständiger und die Farbe verläuft nicht.

## Teleskopstöcke

Teleskopstöcke können vor und nach dem Klettersteig, vor allem bei steilen An- und Abstiegen, sehr hilfreich sein. Sie sorgen für Stabilität und entlasten die Knie- und Hüftgelenke, die bei vielen Wanderern eine gewisse Problemstelle darstellen. Auf der anderen Seite erfordert das Setzen der Stöcke eine gewisse Konzentration und es kann auf Dauer zur Verschlechterung der Trittsicherheit führen. Die Entscheidung für oder gegen Teleskopstöcke muss jeder für sich selbst treffen. Auf dem Klettersteig selbst müssen Teleskopstöcke am oder besser im Rucksack transportiert werden. Sie sollten daher recht klein komprimierbar sein und sicher befestigt werden können.

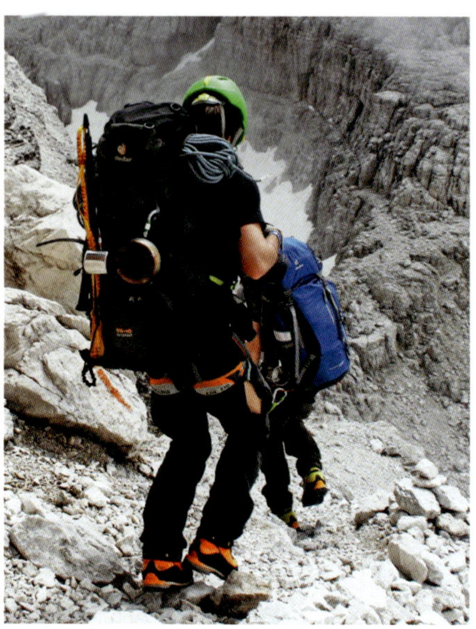

*Rucksack mit Zusatzausrüstung für Mehrtagestouren*

## Übernachtung in Hütten

Bei längeren Touren von Hütte zu Hütte muss entsprechend mehr Ausrüstung für die Übernachtung mitgeführt werden. Ein Hüttenschlafsack ist auf den meisten AV-Hütten Pflicht.

☺ Alpenvereinsmitglieder übernachten auf AV-Hütten zu vergünstigten Preisen und werden bei Reservierungen bevorzugt behandelt.

## Gletscherausrüstung

Je nach gewählter Tour kann der Zustieg auch über vergletschertes Gebiet führen. Bei Gletscherberührung sind eine entsprechende Gletschererfahrung und der sichere Umgang mit der Ausrüstung (Steigeisen, Pickel, Klettergurt, Seil und Helm) sowie Techniken der Spaltenbergung Grundvoraussetzungen für eine Tour.

**SICHERHEITSTIPP:** Entsprechende Ausbildungskurse werden z. B. von den Alpenvereinen oder Bergschulen angeboten. Ohne entsprechende Erfahrung und Ausrüstung ist die Begehung eines Gletschers lebensgefährlich!

# Notfallausrüstung

Zusätzlich zur klettersteigspezifischen und allgemeinen Ausrüstung sollte der Rucksack generell eine Notfallausrüstung enthalten. Sie hilft, Notsituationen besser zu meistern und kann im Zweifelsfall Leben retten.

## Rucksackapotheke

Ein kleines Erste-Hilfe-Paket gehört immer in den Rucksack. Im Handel werden verschiedene Modelle extra für alpinen Anwendungsbereich angeboten. Die Empfehlung der folgenden Gegenstände als Minimalausrüstung ist mit freundlicher Genehmigung des Vereins vom Österreichischen Alpenverein übernommen:

- 1 steriles Verbandspäckchen
- 2 sterile Kompressen bzw. nichtklebende Wundauflagen (7x7 cm)
- 1 Heftpflastersortiment (klein und groß)
- 1 Rolle Leukoplast/Tapeverband (2,5-) 3,5 cm/5 m
- 1 elastische, evtl. selbsthaftende dünne Verbandsbinde (6 cm)
- 1 elastische, selbsthaftende Pflasterbinde 8-10 cm/5 m zur (Gelenk-) Stabilisierung
- 1 Dreiecktuch (auch als Ersatz-Hals- oder Kopftuch)
- 1 Alu-Rettungsfolie (2x1 m) zur Wärmeisolation bei Biwak oder Schock
- 6 Schmerztabletten (Kopfschmerzen, Fieber): z. B. Aspirin/ASS, Paracetamol (je 500 mg)
- 2 stärkere Schmerztabletten, z. B. Gelonida NA oder Nedolon P (Rp), für echte Notfälle evtl. sehr starke Mittel: z. B. Tramal oder Valoron N (Rp)
- 1 Wunddesinfektionsmittel: z. B. Mercuchrom (15 ml, Rp)

*(Rp = Rezeptpflichtig. Arzt konsultieren)

**SICHERHEITSTIPP:** Es bietet sich an, in der Rucksackapotheke auch eine Trillerpfeife als akustisches Signalmittel zu verstauen. So ist sie im Notfall schnell zur Hand und kann zum Senden des alpinen Notsignals verwendet werden (☞ Alpine Gefahren, Notruf, Alpines Notsignal).

## Mobiltelefon

In der heutigen Zeit sind Mobiltelefone weder aus dem Alltag noch von einer alpinen Bergtour wegzudenken. Mit ihnen kann in Notsituationen schnell die Bergrettung gerufen werden und dank mobilem Internet kann auch noch kurz vor der Tour das Wetter gecheckt werden. Außerdem können auf den Geräten mobile Wanderkarten gespeichert werden und Dank GPS kann die Tour getrackt werden.

Auf einem Klettersteig erhöhen Mobiltelefone die Sicherheit. Allerdings sollte man sich auf die Technik nicht blind verlassen. Nicht in jedem Tal ist auch ein Mobilfunknetz erreichbar. Außerdem funktionieren sie nur mit einem vollen Akku, sodass die Verwendungsdauer nicht unbegrenzt ist. Bei Kälte ist der Akku zudem weniger leistungsfähig. Darum sollten digitale Karten auf dem Mobiltelefon nicht die Papierkarte komplett ersetzen.

 Mit Akkupacks kann die Funktionsdauer deutlich verlängert werden.

**SICHERHEITSTIPP:** Die Notrufnummer 112 funktioniert im gesamten Alpenraum. Wird sie anstelle der PIN eingegeben, sucht sich das Telefon ein beliebiges, erreichbares Netz unabhängig vom eigenen Vertrag.

## Biwaksack:

Ein Biwaksack gehört bei alpinen Touren immer als Plan B in den Rucksack. Der Biwaksack ist wind- und wasserdicht und sollte man gezwungen, sein ihn zu benutzen, sorgt er dafür, eine Nacht in den Bergen relativ warm und größtenteils trocken verbringen zu können.

Das Angebot an Biwaksäcken ist dabei vielfältig. Es reicht von extrem leichten und kleinen Notbiwaksäcken (meist nur einmal zu verwenden) bis hin zu hoch atmungsaktiven Biwaksäcken, die auch mehrmals für geplante Biwaktouren verwendet werden können. Neben den unterschiedlichen Materialien gibt es Biwaksäcke auch für ein oder zwei Personen (bei Notbiwaksäcken bietet sich die Zwei-Personen-Ausführung an).

## Stirnlampe

Eine Stirnlampe ist ein kleiner, unverzichtbarer Helfer, da sie die Sicherheit bei Dunkelheit ungemein erhöht. Sollte man von der Nacht überrascht werden, kann dieses kleine Stück Ausrüstung über den weiteren Abstieg oder ein Notbiwak entscheiden. Außerdem kann eine Stirnlampe als Signalmittel für das alpine Notsignal oder die Kommunikation mit Rettungshubschraubern verwendet werden.

Moderne LED Stirnlampen sind klein und leicht und nehmen wenig Platz im Rucksack ein. Sie können auch im Erste-Hilfe-Set deponiert werden.

**SICHERHEITSTIPP:** Achten Sie bei jeder Tour auf die Sonnenauf- und Sonnenuntergangszeiten.

# Checkliste Klettersteigausrüstung

Wichtige Ausrüstung für eine Klettersteigtour (ohne Anspruch auf Vollständigkeit):

- ☐ Bergschuhe (knöchelhoch, rutsch- und trittfest)
- ☐ Klettersteigausrüstung (Klettergurt, Klettersteigset, Helm, Handschuhe)
- ☐ Klettersteigrucksack (möglichst klein, wenig Schlaufen)
- ☐ Karte (topografische Karte im Maßstab 1:50.000 oder besser 1:25.000)
- ☐ Klettersteig-Topo
- ☐ Kompass/ggf. GPS-Gerät
- ☐ Reiseunterlagen (Geldbeutel, Pass, AV-Mitgliedskarte …)
- ☐ Notfallausrüstung (Erste-Hilfe-Ausrüstung: Pflaster, Blasenpflaster, Desinfektionsmittel, Wundauflagen, Mullbinden, Schmerztabletten, Schmerzgel und Rettungsdecke, Handy mit vollem Akku und Ladegerät, Biwaksack, Taschenlampe, akustische Signalmittel, Regenschutz)
- ☐ Notration Nahrungsmittel (Pumpernickel, Wurstdose, Energieriegel …)
- ☐ Hüttenschlafsack (in AV-Hütten Pflicht!)
- ☐ Kulturbeutel (Zahnbürste, Zahnpasta, Sonnencreme, Taschentücher, Ohropax)
- ☐ Handtuch (schnelltrocknende Mikrofaser)
- ☐ Jacke (Windstopper)
- ☐ Regenschutz (z. B. Poncho mit Rucksackausbuchtung)

- ☐ Wanderkleidung (Wanderhose, Wechselhose, Wandersocken, Unterwäsche, T-Shirts, Oberteile)
- ☐ Warme Kleidung (Fleecejacke, Pullover, Handschuhe. Auch im Hochsommer ist es u. U. kalt.)
- ☐ Kopfbedeckung
- ☐ Trinkflasche oder -blase
- ☐ Taschenmesser
- ☐ Foto- und Ladegerät
- ☐ Sonnenbrille
- ☐ ggf. Teleskopstöcke
- ☐ Reisewaschmittel (je nach Länge der Tour für Handwäsche der Kleider)
- ☐ Gewebeband (als universeller Plan B)

☺ **DAV/ÖAV Leihausrüstung:** Als Mitglied in einem Alpenverein (AV) kann oftmals Material bei der jeweiligen Heimatsektion ausgeliehen werden (☞ Tourenplanung, Informationsquellen).

# Tourenplanung

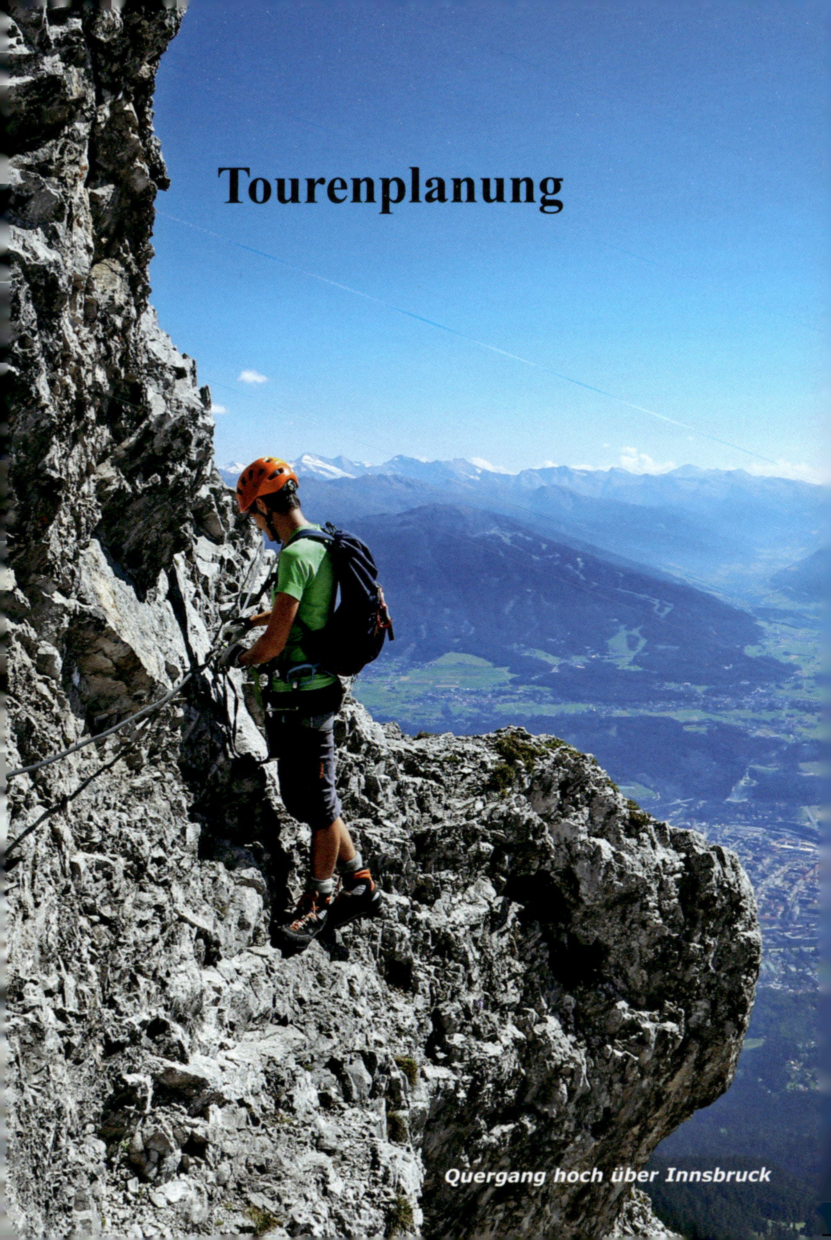

Quergang hoch über Innsbruck

Der nächste Bergsommer kommt bestimmt und wie bei jeder Bergtour ist eine entsprechende Tourenplanung bei Klettersteigen das A und O, um das Unfallrisiko zu minimieren und kritische Situationen bereits im Vorfeld zu vermeiden.

Zunächst sind die grundsätzlichen Punkte der Tour zu klären: Als Erstes ist natürlich die Auswahl des jeweiligen Tourenziels in Abwägung mit dem Können der Teilnehmer wichtig. Manchmal weckt die bloße Erwähnung eines alpinen Gipfels Emotionen und Vorfreude. Allerdings darf die Schwierigkeit keinesfalls das Können der Teilnehmer überschreiten. Sind diese Punkte geklärt, geht es an die Detailplanung der Tour.

Im Folgenden sind die wichtigsten Aspekte einer gelungenen Tourenplanung im Vorfeld und zur laufenden Überprüfung während der Tour aufgelistet:

## Planung vor der Tour

Vor der Tour müssen alle wichtigen Informationen über die Tour eingeholt werden und der eigene Fitnessstand sowie der der Gruppe kontrolliert werden. Folgende Punkte sollten im Vorfeld mit Ja beantwortet werden können:

- ▷ Die körperliche Verfassung, Kondition und das Können entsprechen den Anforderungen der geplanten Klettersteigtour. (bei Gruppen: Gilt das auch für alle Teilnehmer!)
- ▷ Die Orientierung im Gelände und auf dem Klettersteig mit Karte, Topo, Kompass bzw. GPS wird sicher beherrscht.
- ▷ Die verfügbare Ausrüstung ist auf dem aktuellen Sicherheitsstand, sie entspricht den Anforderungen der Tour und umfasst eine Notfallausrüstung und Orientierungsmittel.
- ▷ Die Sicherungstechnik auf dem Klettersteig wird von allen Teilnehmern sicher beherrscht.
- ▷ Der aktuelle Wetterbericht ist bekannt.
- ▷ Wichtige Informationen zum Klettersteig und zur Tour wurden eingeholt (z. B. Klettersteig-Topo, Notabstiege, Öffnungszeiten der Hütten, Lifte, Busverbindung ...).

## Überprüfung während der Tour

Während der Tour gilt es, den eigenen Körper, die Gruppe und das Umfeld permanent im Blick zu haben. Wichtige Aspekte auf der Tour sind:

- ▷ Sie sollten in angemessenem Tempo steigen. Das Tempo richtet sich nach dem schwächsten Gruppenmitglied. Zu schnelles Gehen/Steigen sorgt für frühzeitiges Ermüden und in Folge zur Erschöpfung.
- ▷ Sicherheitschecks vor dem Start und vor dem Einstieg in den Klettersteig (☞ Tourenplanung, Sicherheitschecks)
- ▷ Partnercheck vor dem Einstieg in den Klettersteig nicht vergessen!
- ▷ Das Umfeld sollten Sie permanent im Blick haben (Wetterveränderungen, möglicher Steinschlag, Schneefelder mit Lawinengefahr ...)!
- ▷ Bei zweifelhaften Verhältnissen gilt der Ausspruch: „Umkehren zeugt von Stärke".
- ▷ Bei Notfällen sollten Sie gegebenenfalls Erste Hilfe leisten, umgehend die Rettungskräfte verständigen und auf deren Eintreffen warten. (☞ Alpine Gefahren, Notruf, Alpines Notsignal)

# Tourenvorbereitung

Zur Vorbereitung im Vorfeld der Tour gehört in erster Linie das Sammeln von so vielen Informationen über die geplante Tour, in Abstimmung mit dem Können der Gruppe, wie möglich.

**SICHERHEITSTIPP:** Tauchen während der Vorbereitung ernsthafte Zweifel darüber auf, die Tour zum geplanten Zeitpunkt sicher mit der Gruppe begehen zu können, sollten Sie die Tour in jedem Fall nochmals umplanen.

## Auswahl des Tourenziels

Wie das Bedürfnis, auf einem bestimmten Gipfel zu stehen oder auf einem bestimmten Klettersteig eine Wand durchqueren, geweckt wird, ist vielfältig. Die Wahl des nächsten Klettersteigs kann aktiv beim Blättern im Klettersteigatlas oder der Internetrecherche geschehen. Oftmals geschieht es auch passiv, wenn ein Bergkamerad von einer bestimmten Tour schwärmt und sie so unwiderruflich in den Hinterkopf „gebrannt" wird.

Bei der aktiven Suche haben Sie alles selbst in der Hand und entsprechend auch die Qual der Wahl. Eine erste Entscheidungshilfe kann die Überlegung sein, ob das Tourenziel oder die Gruppe im Vorfeld bereits feststehen. Ist beispielsweise bereits ein bestimmter Klettersteigklassiker als Wunschziel gesetzt, muss man um

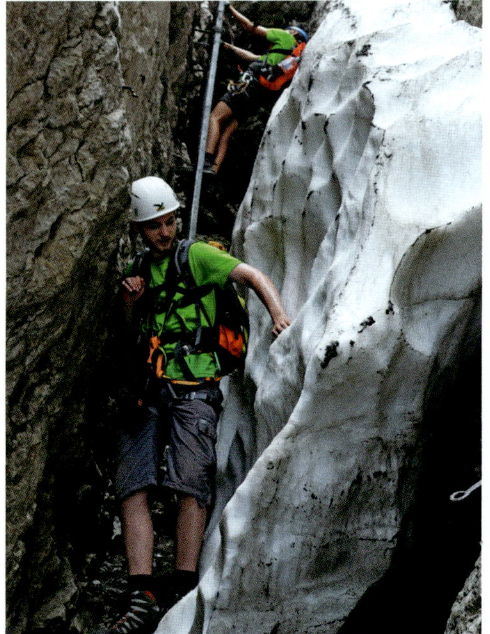

*Altschneereste halten sich an geschützten Stellen teils lange in den Bergsommer hinein*

dieses Ziel die entsprechende Planung aufbauen (Liegt die Schwierigkeit im Rahmen des eigenen Könnens? Sind entsprechende Begleiter vorhanden? Passt die Jahreszeit? Anfahrt? Unterkunft? etc.). Ist allerdings die Gruppe gesetzt, muss die Wahl der Tour auf diese abgestimmt werden.

Weitere Entscheidungshilfen können sein:

- ▷ **Eingrenzung auf ein Gebiet:** Aufgrund der zur Verfügung stehenden Zeit, der Anfahrtslänge oder der Jahreszeit kann nur in einem bestimmten Gebiet gesucht werden.
- ▷ **Eingrenzung auf eine Schwierigkeit:** Je nach dem Können der Teilnehmer können Klettersteige in bestimmten Schwierigkeiten bereits ausgeschlossen werden.
- ▷ **Art der Tour:** Wie viel Zeit steht zur Verfügung? Soll der Klettersteig eine Tagestour, eine Wochenendtour oder eine Mehrtagestour sein?
- ▷ **Familienfreundliches Umfeld:** Sind Kinder in der Gruppe, die noch keinen Klettersteig begehen können, bietet sich unter Umständen eine familienfreundliche Hütte als Stützpunkt an, von der ein Teil der Gruppe auf einen Klettersteig starten kann.

Ist die Wahl auf einen Klettersteig gefallen, gilt es so viele Informationen wie möglich darüber einzuholen. Klettersteigatlanten liefern meist einen guten

Überblick. Die weitere Detailplanung kann beispielsweise durch Klettersteigführer oder der Internetrecherche erfolgen (☞ Tourenplanung, Informationsquellen).

☺ Aktuelle Informationen zum Zustand vor Ort kann ein Anruf beim Betreiber des Klettersteigs, beim Tourismusbüro vor Ort oder der Hütten oder Seilbahnstationen in der Nähe liefern.

☺ Neben dem Wetterbericht können Webcams in der Nähe des Klettersteigs einen guten Eindruck von den Verhältnissen vor Ort liefern. Die Schneelage auf der entsprechenden Höhe lässt sich so beispielsweise schnell erkennen.

☺ In der neuen Saison sollten Sie nicht dort weitermachen wo Sie in der letzten Saison aufgehört haben, sondern die erste Tour leichter wählen.

## Auswahl der Gruppe (mit Gruppen unterwegs)

Ein Klettersteig sollte nie alleine begangen werden. Die ideale Tour wird von gleich motivierten Bergsteigern begangen, die in derselben Schwierigkeit klettern. Ist man beispielsweise mit einem langjährigen Kletterpartner unterwegs, ist die Abstimmung meist einfach und die Erwartungshaltungen sind gleich.

Wird die Gruppe größer, ist es wichtig, dass im Vorfeld über die Zielsetzung der Tour bei allen Teilnehmern Klarheit herrscht.

▷ **Erwartungshaltung:** Eine Tour mit Anfängern und alten Hasen kann gelingen, wenn jeder weiß, um was es geht. Sind Anfänger zum ersten Mal dabei, ist z. B. klar, dass es sich um einen leichten Genussklettersteig handelt, bei dem die Klettersteigneulinge ans Klettersteiggehen herangeführt werden. Dies kann gut funktionieren. Sollte allerdings der alte Hase nur auf Adrenalin aus sein und sich die Anfänger überfordert fühlen, können schnell kritische Situationen entstehen.

▷ **Teilnehmerzahl:** Bei Gruppen mit Einsteigern sollte die Teilnehmerzahl nicht über sechs Personen liegen. Bei dieser Gruppengröße funktioniert die Kommunikation noch in der Regel ganz gut und Sie können einen halbwegs guten Überblick über die Gruppe behalten.

▷ **Zeitfaktor:** Je größer die Gruppe, desto langsamer ist sie unterwegs. Dies gilt fürs normale Bergwandern ebenso wie für Klettersteigtouren.

- **Technisches Niveau:** Idealerweise liegt das technisches Niveau der Teilnehmer auf einem ähnlichen Level. Sind starke Klettersteiggeher mit dabei, müssen diese Abstriche in der Schwierigkeit machen.

*Mit einer Gruppe unterwegs*

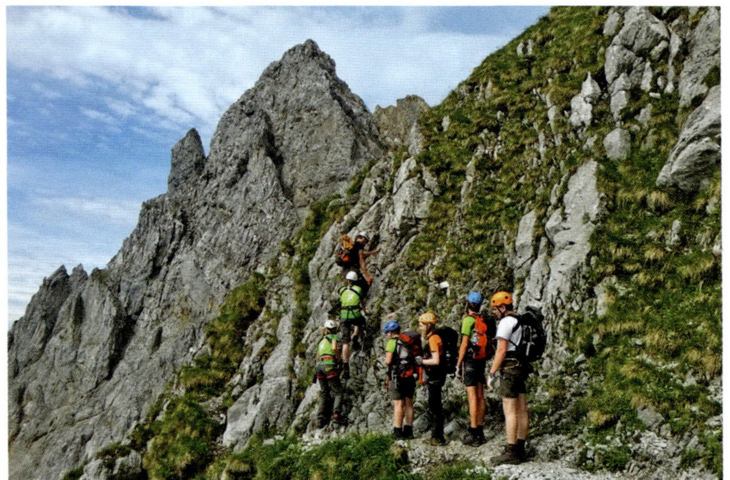

## Auswahl der Ausrüstung

Die mitgeführte Ausrüstung muss den Anforderungen des entsprechenden Klettersteigs angepasst werden. Bei Fun-Klettersteigen in Talnähe fällt die Zusatzausrüstung nicht so groß aus wie beispielsweise bei hochalpinen Mehrtagestouren. Außerdem muss die Ausrüstung den aktuellen Sicherheitsstandards entsprechen und nicht über die vom Hersteller angegebene Lebensdauer hinaus verwendet werden.

- Grundklettersteigausrüstung
- Zusatzausrüstung für Zu- und Abstieg und ggf. Übernachtungen
- Kleidung
- Notfallausrüstung

Mehr Informationen im Kapitel ☞ Ausrüstung, Checkliste Klettersteigausrüstung

# Touren-Ablauf-Planung (TAP)

Steht das Tourenziel, die Gruppe und die benötigte Ausrüstung fest, geht es darum, den Ablauf der Tour im Detail zu planen. Eine Klettersteigtour setzt sich dabei aus drei Abschnitten zusammen.

▷ An- und Abreise
▷ Zu- und Abstiege
▷ Klettersteig

☺ Außerdem ist ein Plan B in Form eines Alternativroutenziel empfehlenswert.

## Anreise/Abreise

Der Alpenraum ist mit Straßen und öffentlichen Verkehrsmitteln gut erschlossen. Es bieten sich zahlreiche Möglichkeiten der Anreise. Folgende Punkte können dabei abgeklärt werden:

▷ Art der An- und Abreise (Pkw, Zug, Taxi in Abstimmung mit der Zeitplanung)
▷ Bieten sich evtl. Fahrgemeinschaften an?
▷ Öffnungszeiten (Seilbahnen, Bustransfer für den Rücktransport zum Ausgangspunkt)
▷ Parkplatz heraussuchen und sich vergewissern, dass jeder der Gruppe den Treffpunkt findet.
▷ Zeitplanung der Anfahrt (Zeitpuffer einplanen, um auf Verspätungen wie z. B. Staus reagieren zu können)
  - Wie lange benötigt man für die ganze Tour? (Klettersteigführer und persönliche Erfahrungen)
  - Um wie viel Uhr muss man vom Treffpunkt aufbrechen? (Sonnenauf und Untergangszeiten beachten!)
  - Wann muss man wo sein, um rechtzeitig zurückzukommen? (Seilbahnzeiten, Bustransfer etc.)

## Zu- und Abstieg

Wird der Zu- und Abstieg betrachtet, ist zu prüfen, ob er evtl. besondere Gefahren umfasst, die es zu beachten gilt.

- ▷ Umfasst der Zu- oder Abstieg beispielsweise steinschlaggefährdete Passagen, Schneefelder, Gletscherberührungen oder stark absturzgefährdetes Gelände?
- ▷ Wird evtl. zusätzliche Ausrüstung benötigt?
- ▷ Auf welchen Wegen erfolgen der Zu- und Abstieg? (Wanderwege blau/rot/schwarz, Rinnen, weglose Steige)
- ▷ Erfolgt der Abstieg über den Normalweg oder muss über den Klettersteig abgeklettert werden?
- ▷ Zeitplanung Zu- und Abstiege:
  - ♦ Wie lange benötigt man für den Zu- und Abstieg?
  - ♦ Wo können Pausen eingelegt werden? (z. B. Jausehütte)

## Klettersteig

Nach der Wahl eines passenden Klettersteigs folgt die Detailplanung:

- ▷ Klettersteig-Topo ausdrucken und durchgehen. (☺ Ausdrucke mit Laserdrucker verwischen nicht bei Nässe!)
- ▷ Wo befindet sich die Schlüsselstelle? Gibt es nur eine schwere Stelle oder ist der Steig durchgehend schwer? Wo bieten sich Möglichkeiten für eine Rast?
- ▷ Wo macht die zusätzliche Seilsicherung evtl. Sinn?
- ▷ In welche Himmelsrichtung ist der Klettersteig ausgerichtet? (Temperatur im Tagesverlauf, Altschneereste)
- ▷ Gibt es Notausstiege? Wenn ja, wo?
- ▷ Wo können schwierige Stellen evtl. umgangen werden? Gibt es einen Notfallplan?
- ▷ Ist der Steig durchgehend versichert oder umfasst er auch freie Kletterstellen? Wird dort eine zusätzliche Seilsicherung benötigt?
- ▷ Gibt es bestimmte Sperrzeiten? (Wintersperre oder Wartungsarbeiten, Schild am Einstieg beachten!)
- ▷ Zeitplanung Klettersteig:
  - ♦ Wie lange benötigt man für den Klettersteig?
  - ♦ Wann kann spätestes noch eingestiegen werden?
  - ♦ Um wie viel Uhr kann die Tour noch abgebrochen werden? (Wo liegen die Notausstiege?)
  - ♦ Zeitpuffer einbauen (z. B. Wartezeiten durch viele Begeher).

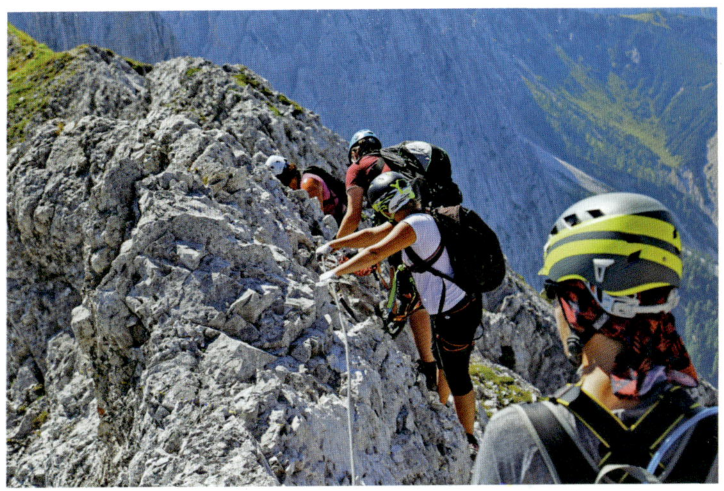

*Zeitpuffer berechnen: Stau an einem Quergang*

### Alternativroutenziel

Es bietet sich in jedem Fall an, einen Plan B in der Tasche zu haben – beispielsweise eine reine Wandertour –, falls am Tourentag das Wetter schlecht, die Seilbahn außer Betrieb oder der Klettersteig gesperrt ist oder andere Faktoren die geplante Klettersteigtour unmöglich machen.

## Sicherheitschecks

Folgende sicherheitsrelevante Aspekte der Tour gilt es im Vorfeld und auch während der Tour im Blick zu behalten:

### Steiganlage kritisch prüfen

Klettersteige sind das ganze Jahr über der Witterung ausgesetzt und so kann es durch Steinschlag, Schneedruck oder Korrosion zu Beschädigungen der Steiganlage kommen. Jeder Klettersteig hat einen Halter, der sich darum kümmert, dass Schäden schnell behoben werden. Die meisten Klettersteige sind über den Winter auch gesperrt und werden im Frühjahr erst nach einer Überprüfung wieder freigegeben.

Unabhängig davon ist die Anlage während der Tour permanent im Blick zu behalten. Bei Wintersperre auf keinen Fall einsteigen. In Klettersteigatlanten werden die Halter der Klettersteige teilweise auch aufgeführt.

▷ **Am Einstieg** kann die Steiganlage das erste Mal in Augenschein genommen werden. Besteht sie den optischen Check und ist auch kein Schild mit „Wintersperre" oder „Wartungsarbeiten" vorhanden, kann's los gehen.

▷ **Während der Tour** muss die Steiganlage permanent im Blick behalten werden. Schäden durch Steinschlag können das ganze Jahr über auftreten. Bei zweifelhaftem Zustand sollten Sie umkehren oder einen Notabstieg wählen und die Halter über die Schäden informieren.

## Ausrüstungs-Check

Die Ausrüstung sollte idealerweise dreimal kontrolliert werden. Zu Hause, am Treffpunkt und vor dem Einstieg. Auch Routiniers sind nicht davor gefeit, wichtige Ausrüstung zu vergessen.

*Ausgebrochener Stahlanker*

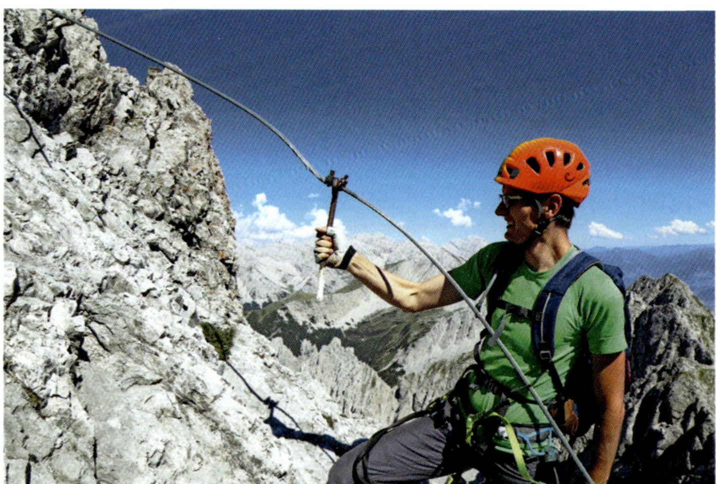

- ▷ **Zu Hause:** Rucksack packen. Idealerweise Checkliste verwenden, damit später nichts fehlt.
- ▷ **Am Treffpunkt:** Ist evtl. Ausrüstung doppelt vorhanden? Beispielsweise ersetzt ein 2-Personen-Biwaksack zwei 1-Personen-Biwaksäcke.
- ▷ **Am Einstieg:** Nach dem Anlegen der Ausrüstung den *Partnercheck* nicht vergessen (☞ Sicherheit, Anlegen der Ausrüstung, Partnercheck)!

☺ Werden Anfänger mit auf ihre erste Tour genommen, bietet es sich an, eine Packliste für sie anzufertigen. Die richtige, vollständige Ausrüstung am Treffpunkt spart erfahrungsgemäß viel Zeit und Nerven.

## Wetter-Check

Die Alpen sind bekannt für ihre Wetterumbrüche und ihr sehr kleinräumiges Klima, das sich teils von Tal zu Tal stark unterscheiden kann. Ist am Morgen im Tal noch Sonne, so können mittags am Gipfel bereits ganz andere Wetterverhältnisse herrschen. Dabei sollten Sie auch im Hochsommer beispielsweise immer auf Neuschnee gefasst sein. Für Klettersteiggeher bedeutet dies:

- ▷ Sie sollten **im Vorfeld der Tour** die Wetterprognose genau verfolgen und auch
- ▷ **während der Tour** die Wetterentwicklung permanent beobachten.

Bei Regen oder Gewittervorhersage sollte auf keinen Fall in die Tour gestartet werden.

☺ Die Wettervorhersage des Alpenvereins bietet eine gute regionale Vorhersage unter 💻 www.alpenverein.de/bergwetter.

☺ Bei den Hüttenwirten kann meist der Wetterbericht der kommenden Tage sowie Informationen zu Schneehöhe oder über die Zustände der Wege erfragt werden. Außerdem bieten Webcams einen guten Eindruck von den Gegebenheiten vor Ort!

**SICHERHEITSTIPP:** Anzeichen für Gewitter sind sich bildende Amboss-Gewitterwolken, ein stärker werdender, böiger Wind, zu „singen“ beginnende Metallteile und einsetzender Graupelschauer oder Donner.

## Zeit-Check

Ein gelegentlicher Blick auf die Uhr kann während der Tour verhindern, dass bei Genusspausen zu viel Zeit verloren wird, sodass z. B. die letzte Talfahrt mit der Seilbahn nicht mehr geschafft wird oder Sie beim Abstieg in ausgesetztem Gelände von der Nacht überrascht werden.

Es empfiehlt sich, mindestens am Einstieg und an geplanten Stellen während der Tour (z. B. in der Nähe von Notabstiegen) zu checken, ob Sie sich noch im Zeitplan befinden. Stehen ausreichend Zeitreserven zur Verfügung, können sie z. B. für eine längere Pause am Gipfel genutzt werden. Befinden Sie sich deutlich hinter dem Zeitplan, sollte die Tour rechtzeitig an geeigneter Stelle abgebrochen werden.

**SICHERHEITSTIPP:** Generell sollte ein gewisser Zeitpuffer in die Planung mit einkalkuliert werden – ob es die paar Minuten mehr an der Schlüsselstelle sind oder Zwangspausen durch viele Vorausgeher. Zudem schafft ein früher Aufbruch am Tourentag zusätzlichen Spielraum für unvorhersehbare Ereignisse.

## Gruppen-Check

Sind Sie mit einem Kletterpartner oder einer Gruppe unterwegs, sollten Sie schon im Vorfeld eine offene Kommunikation untereinander pflegen. Im Idealfall werden so Probleme des Einzelnen direkt an die Gruppe kommuniziert, sodass diese reagieren kann. In der Praxis steht dem oft der eigene Stolz im Wege, beispielsweise wenn es darum geht, die Angst an luftigen Passagen oder das zu schnelle Wandern zu thematisieren. Darum ist es wichtig, während der Tour auch auf die Zeichen der Bergkameraden zu achten. Fällt ein Teilnehmer auf einmal zurück oder wird untypischerweise ganz still, ist Vorsicht geboten.

# Naturschutz

Die Alpen sind ein einzigartiger Lebensraum für die unterschiedlichsten Tier- und Pflanzenarten. Damit dieses Paradies auch in Zukunft erhalten bleibt, kann jeder seinen Teil dazu beitragen, indem er sich an ein paar Grundsätze hält:

- Immer auf den markierten Wegen bleiben, Abkürzen sorgt für Erosion.
- Keine Pflanzen pflücken oder ausgraben.
- Weidevieh und Wildtiere nicht erschrecken.

- ▷ Kein offenes Feuer entzünden.
- ▷ Abfälle aller Art bis zum nächsten Mülleimer tragen.

☝ In vielen Teilen der Alpen ist das Campieren bzw. Zelten außerhalb von Campingplätzen verboten. Darunter fällt auch das geplante Biwakieren im Biwaksack. Wer eine Tour mit dem Biwaksack unternehmen möchte, sollte sich im Vorfeld genau über die Gesetze der jeweiligen Region informieren. Ausgenommen davon ist nur ein Notbiwak, sofern die Übernachtung ungeplant ist und aufgrund von Verletzung, Schlechtwettereinbruch oder Dunkelheit zustande kommt.

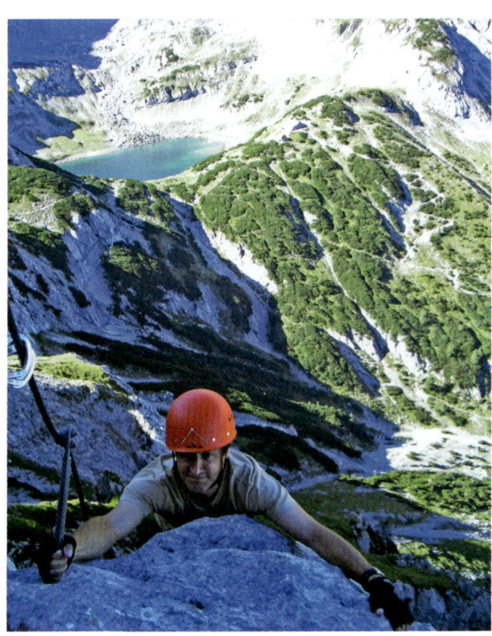

*Alpine Klettersteige bieten meist ein ansprechendes Panorama*

# DAV/ÖAV/LAV/AVS Alpenvereinsmitgliedschaft

Der Begriff des „Alpenvereins" kommt im deutschsprachigen Alpenraum vor und besitzt seit der ersten Gründung des Österreichischen Alpenvereins 1862 eine lange, bewegte Geschichte. Heute gibt es den Deutschen Alpenverein (DAV), den Österreichischen Alpenverein (ÖAV), den Liechtensteiner Alpenverein (LAV) und den Alpenverein Südtirol (AVS). Alle Vereine kooperieren eng miteinander und gewähren beispielsweise Mitgliedern der jeweils anderen Vereine die gleichen Vergünstigungen auf ihren Hütten.

Der Deutsche Alpenverein ist mit über 1 Mio. Mitgliedern die weltweit größte Bergsteigervereinigung und betreibt in den Alpen eine Vielzahl an Hütten und Unterkünften. Dies tun auch der Österreichische Alpenverein mit 0,5 Mio. Mitgliedern, der etwas kleinere Alpenverein Südtirol und der Liechtensteiner Alpenverein.

In den Alpen bilden diese Alpenvereinshütten immer wieder den Ausgangspunkt für Klettersteigrouten. Um dort übernachten zu dürfen, müssen Sie kein Mitglied in einem Alpenverein (AV) sein, allerdings erhalten AV-Mitglieder Vorteile bei Bergtouren in den Alpen und den restlichen Gebirgen der Welt. Im Folgenden die wichtigsten:

- Vergünstigte Übernachtung auf Alpenvereinshütten
- Vergünstigtes Hauptgericht (Bergsteigeressen)
- Bevorzugung bei der Reservierung
- Versicherungsschutz in allen Gebirgen der Welt
- Gepäckversicherung auf Hütten
- Sie haben die Möglichkeit, einen AV-Schlüssel auszuleihen, um Winterräume oder Selbstversorgerhütten zu betreten.
- Viele Ortsgruppen bieten die Möglichkeit, Ausrüstung zu leihen.
- AV-Wanderkarten zu günstigen Konditionen

Weitere aktuelle Informationen zur Mitgliedschaft finden Sie im Internet unter www.alpenverein.de, www.alpenverein.at oder www.alpenverein.it.

☺ Als AV-Mitglied konnen AV-Karten sowie weitere Ausrüstung vergünstigt unter www.dav-shop.de oder www.alpenverein.at/shop bestellt werden.

# Informationsquellen und Instrumente zur konkreten Tourenplanung

Folgende Informationsquellen und Instrumente können bei der Tourenplanung helfen:

## Gehzeitberechnung

Die auf Schildern oder in Klettersteigführern angegebenen Gehzeiten entsprechen in der Regel einem durchschnittlichen Wanderer mit Gepäck. Sie stellen dabei die reine Gehzeit dar. Ruhe- und Essenspausen sind nicht enthalten. Außerdem kann die real benötigte Zeit aufgrund von Wetter, Kondition und Gruppengröße stark variieren.

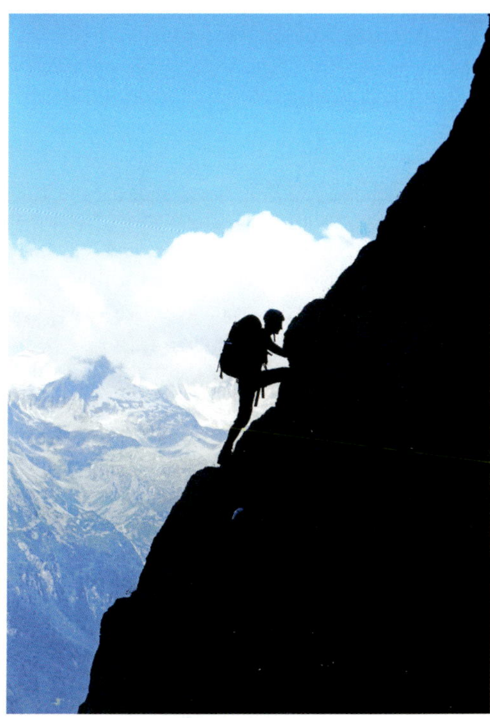

*Früh aufbrechen, früh heimkehren*

Eine grobe Faustformel zur Gehzeitberechnung in den Bergen besagt, dass ein durchschnittlicher Wanderer in einer Stunde 4 km in der Ebene zurücklegt. Außerdem bewältigt er in einer Stunde 300-350 Höhenmeter im Aufstieg bzw. 500-600 Höhenmeter im Abstieg. Zur Berechnung wird die Strecke auf der Karte gemessen und die Höhenmeter werden auf der Karte zusammengezählt. Anschließend wird die benötigte Zeit berechnet. So erhält man einen Zeitwert für die reine Strecke und einen Zeitwert für den Auf- und Abstieg. Von beiden Werten wird nun der kleinere halbiert und mit dem größeren addiert. So erhalten Sie die benötigte Gesamtzeit.

Diese Formel findet auch im Wegekonzept des DAV und ÖAV für die Gehzeitberechnung auf der Beschilderung Verwendung.

☺ Abgesehen von der Wandergeschwindigkeit empfiehlt sich generell ein früher Aufbruch am Tourentag. So haben Sie einen Zeitpuffer für unvorhergesehene Ereignisse und geraten nicht unter Zeitdruck. Außerdem sind bei einem sehr frühen Aufbruch weniger andere Klettersteiggeher auf der Route.

## Topo lesen

Als Topo wird eine Übersichtskarte einer Kletterroute verstanden, in der die Schwierigkeiten einzelner Abschnitte und topografische Gegebenheiten der Umgebung (Verschneidungen, Rinnen, Überhänge etc.) aufgelistet sind.

In jedem guten Klettersteigführer befindet sich eine Legende, die die einzelnen Symbole und Piktogramme erklärt.

Idealerweise sollten Sie einen Ausdruck des Topos mit auf die Klettersteigtour nehmen. So haben Sie immer einen Überblick, wo Sie sich gerade befinden und können in kritischen Situationen die Notabstiege leicht lokalisieren bzw. den Rettungskräften Ihren Aufenthaltsort relativ genau nennen.

An Topos bestimmter Klettersteige gelangen Sie auch über Internetplattformen, beispielsweise 💻 www.bergsteigen.com.

☺ Das Topo drucken Sie am besten mit einem Laserdrucker aus, denn bei Nässe verläuft dann die Tinte nicht.

## Informationsquellen zur Tourenplanung

Über jeden Klettersteig gibt es diverse Führerliteratur. Außerdem kann auch die Internetrecherche wertvolle Detailinformationen über einen konkreten Klettersteig liefern.

### Klettersteigliteratur

▷ **Klettersteigatlanten:** Als primäre Informationsquelle über die Lage aller alpinen Klettersteige dienen Klettersteigatlanten. Meist bietet ein Klettersteigatlas einen guten Überblick darüber, wo welche Klettersteige liegen und welche Schwierigkeit sie besitzen. Sie können hervorragend zu einer Vorauswahl verwendet werden.

- ▷ **Klettersteigführer:** In Klettersteigführern können weitere Detailinformationen zu bestimmten Klettersteigen oder den Klettersteigen in einem kleinräumigeren Gebiet eingeholt werden. Meist umfassen sie auch Informationen über Zu- und Abstiege und Übernachtungsmöglichkeiten.
- ▷ **Internetplattformen:** Neben der klassischen Literatur liefert die Internetrecherche auf diversen Bergsportplattformen ebenfalls detaillierte Informationen zu vielen Klettersteigen, z. B. 💻 www.alpenvereinaktiv.com, 💻 www.bergsteigen.com.
- ▷ **Aktuelle Informationen** zu einem bestimmten Klettersteig erhalten Sie auch über den jeweiligen Betreiber des Klettersteigs, über das Tourismusbüro im Ort oder an Seilbahnstationen oder Hütten, von denen aus der Klettersteig begangen wird.

☺ Bekannte Verlage für alpine Klettersteigliteratur sind Bergverlag Rother, Bruckmann Verlag, Schall Verlag, Alpinverlag etc.

## Nützliche Internetadressen für die Tourenplanung

**Allgemeine Informationen:**

- ♦ Bergsport Toureninformationen: 💻 www.alpenvereinaktiv.com
- ♦ Toureninformationen: 💻 www.bergsteigen.com
- ♦ DAV Leihmaterial: 💻 www.davplus.de/service (Hier das Beispiel der Sektion München. Wird auch von anderen Sektionen angeboten!)

**Öffentlicher Nahverkehr:**

- ♦ Deutsche Bahn: 💻 www.bahn.de
- ♦ Fahrpläne Österreichische Bundesbahn (Bahn & Bus): 💻 www.oebb.at
- ♦ Südtirol Mobil: 💻 www.sii.bz.it/de
- ♦ Schweizer Bahn: 💻 www.sbb.ch
- ♦ Französische Bahn: 💻 www.sncf.com
- ♦ Fernbusse im Vergleich: 💻 www.busliniensuche.de

**Alpine Informationen:**

- ♦ Bergwetter: 💻 www.alpenverein.de/bergwetter
- ♦ Alpenvereinswetterdienst: ☏ +43 (0) 512/29 16 00 ☺ inkl. persönlicher Beratung

- Alpine Auskunft ÖAV: ☏ +43 (0) 512/58 78 28
- AV-Hüttensuche: www.alpenverein.at/huetten

**Klettersteigkurse (D):**

- www.allesklettersteig.com
- www.bergschulen.de
- www.klettersteigschule.de

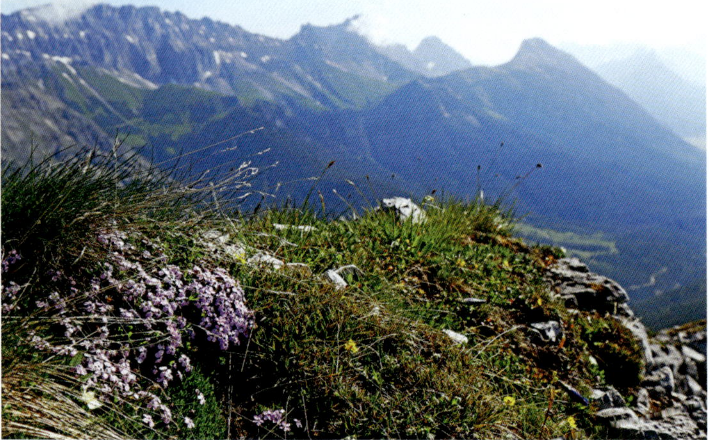

*Flora neben der Route*

# Die zehn Klettersteigregeln

Die folgenden zehn Regeln für das Begehen von Klettersteigen sind mit freundlicher Genehmigung des Vereins vom Club Arc Alpin (CAA) übernommen Der CAA ist der Dachverband der acht führenden Bergsportverbände der Alpen. Er besteht seit 1995 und dient zur Koordination der gemeinsamen Interessen der Verbände auf dem Gebiet des Alpinismus.

**SICHERHEITSTIPP:** Neben den Klettersteigregeln empfiehlt der CAA für das Begehen von Klettersteigen eine Ausbildung durch qualifizierte Fachleute.

1. **Sorgfältig planen!:** Planung ist der Schlüssel für sichere und genussvolle Klettersteigtouren. Informiere dich genau über Schwierigkeit und Länge, Zu- und Abstiege, Wetter und Verhältnisse.

2. **Das Ziel den persönlichen Voraussetzungen anpassen!:** Zu hoch gewählte Schwierigkeiten mindern das Erlebnis und können zu gefährlichen Situationen führen. Vor der Tour ist die körperliche Eignung und die Erfahrung von einem selbst und den Begleitern zu prüfen.

3. **Vollständige, normgerechte Ausrüstung verwenden!:** Klettergurt, Klettersteigset und Helm: Nur die konsequente und richtige Anwendung der Ausrüstung ermöglicht eine sichere Begehung von Klettersteigen. Für den Notfall sind Erste-Hilfe-Pakete und Mobiltelefon (☏ Euro Notruf 112) dabei.

4. **Bei Gewittergefahr nicht einsteigen!:** Blitzschlag bedeutet Lebensgefahr. Regen, Nässe und Kälte erhöhen das Sturzrisiko. Vor und während der Tour die Witterungsverhältnisse beachten. Informationen zum Bergwetter und Lawinenberichte sind einzuholen (☞ Tourenplanung, Informationsquellen).

5. **Drahtseil und Verankerung kritisch prüfen!:** Steinschlag, Schneedruck, Frostsprengung oder Korrosion können Schäden an der Steiganlage verursachen. Nicht in gesperrte Klettersteige einsteigen.

6. **Partnercheck am Einstieg!:** Kontrolliert gegenseitig: Gurtverschluss, Verbindung Klettersteigset mit Klettergurt, Helm (☞ Sicherheit, Anlegen der Ausrüstung, Partnercheck).

7. **Ausreichende Abstände einhalten!:** Zwischen zwei Fixpunkten darf nur eine Person unterwegs sein.

8. **Klare Absprache beim Überholen!:** Kommunikation und Rücksichtnahme verhindern gefährliche Situationen bei Überholmanövern oder Gegenverkehr.

9. **Achtung Steinschlag!:** Achtsames Steigen verhindert Steinschlag.

**10. Natur und Umwelt respektieren!:** Mit öffentlichen Verkehrsmitteln oder Fahrgemeinschaften anreisen. Müll und Lärm vermeiden. Die markierten Wege sind nicht zu verlassen. Abkürzen begünstigt Erosion. Die Umwelt ist sauber zu halten. Abfälle sind mit ins Tal zu nehmen.

Die 10 Klettersteigregeln des CAA lassen sich durch folgende, allgemeinen Bergsteigerregeln vom VAVÖ (Verband Alpiner Vereine Österreichs) und der UIAA (Union internationale des associations d´alpinisme) ergänzen:

- ▷ **Bescheid geben:** Die Tour muss der Jahreszeit und der Tageslänge entsprechend angepasst sein. Aus Gründen der Sicherheit sind der Weg und das Ziel evtl. mit dem Zeitpunkt der Rückkehr anzugeben.
- ▷ **Früh weggehen:** Es gilt die Regel „früh weggehen, früh zurückkehren“. Dies verhindert in die Nacht zu gelangen und schafft einen Sicherheitspuffer bei unvorhergesehenen Ereignissen.
- ▷ **Nimm jemand mit:** In den Bergen nicht alleine wandern. Die Leistungsfähigkeit des Schwächsten ist dabei der Maßstab.
- ▷ **Überanstrengung:** Das Tempo ist den Möglichkeiten der Begleiter anzupassen. Zu schnelles Gehen führt zu frühzeitiger Erschöpfung.

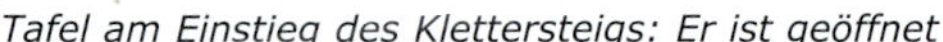
*Tafel am Einstieg des Klettersteigs: Er ist geöffnet*

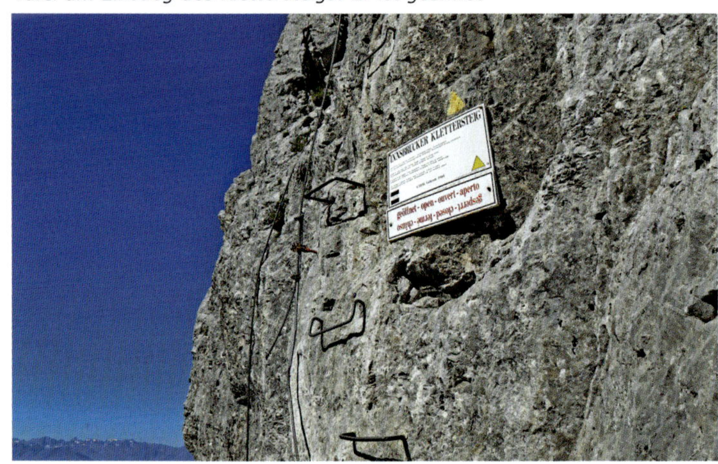

# Tourenplanungsformular

Das folgende Tourenplanungsformular des ÖAV – mit zusätzlichen Ergänzungen bei den Punkten Tourenziel und Wetter – gibt einen Anhaltspunkt, was bei der jeweiligen Tourenplanung abgeklärt werden muss:

**Tourenziel**

Klettersteig/Berg:

☐ bekannt ☐ unbekannt

Schwierigkeit (A-E): ____________________

☐ offen ☐ gesperrt

Zustieg:

☐ bekannt ☐ unbekannt

Schwierigkeit:

☐ Wanderweg leicht ☐ Wanderweg mittel ☐ Wanderweg schwer

Ausgangspunkt: ____________________

Abstieg:

☐ bekannt ☐ unbekannt

Schwierigkeit:

☐ Wanderweg leicht ☐ Wanderweg mittel ☐ Wanderweg schwer

Topo:

☐ ja (Kopie) ☐ nein

Schlüsselstelle(n): ____________________

Ausweichmöglichkeiten: ____________________

Notabstiege: ____________________

Anforderungsprofil:

| | | | | |
|---|---|---|---|---|
| Kondition: | ☐ gering | ☐ mittel | ☐ hoch | ☐ sehr hoch |
| Kraft: | ☐ gering | ☐ mittel | ☐ hoch | ☐ sehr hoch |
| Mut/Psyche: | ☐ gering | ☐ mittel | ☐ hoch | ☐ sehr hoch |
| Bergerfahrung: | ☐ gering | ☐ mittel | ☐ hoch | ☐ sehr hoch |
| Exposition: | ☐ N | ☐ NO | ☐ O | ☐ SO |
| | ☐ S | ☐ SW | ☐ W | ☐ NW |

Distanz: Höhenunterschied: ______ m, Kletterstrecke: ______ m

Zeit: Zustieg: ______ Std., Kletterzeit: ______ Std.

Abstieg: ______ Std., Gesamtzeit: ______ Std.

### Gruppe

Teilnehmer: Zahl: ______ ☐ bekannt ☐ gemischt ☐ unbekannt

Eigenkönnen: ☐ Anfänger ☐ Fortgeschrittene ☐ Experten

Risikobereitschaft: ☐ ehrgeizig ☐ besonnen ☐ zurückhaltend

### Wetter

Gewitterneigung: ☐ gering ☐ mittel ☐ hoch

Gewittergefahr: ☐ vormittags ☐ früher Nachmittag ☐ später Nachmittag ☐ abends

Bewölkung: ☐ sonnig ☐ wechselnd bewölkt ☐ stark bewölkte ☐ Nebel

Niederschlag: ☐ Regen ☐ Schneefall

Sicht: ☐ gut ☐ eingeschränkt ☐ sehr schlecht

Wind: ☐ windstill ☐ schwach, mäßig ☐ stark, stürmisch

Temperatur am Steig: ___________ °C

Nullgradgrenze: ___________m. ü. M.

Veränderung des Wetters im Tagesverlauf:

☐ gleichbleibend ☐ tendenziell besser ☐ tendenziell schlechter

### Verhältnisse

Verhältnisse: ☐ trocken ☐ nass ☐ Schnee(-felder)

Zustand des Steigs: ☐ bekannt ☐ unbekannt

Besondere Gefahren: ________________________________________

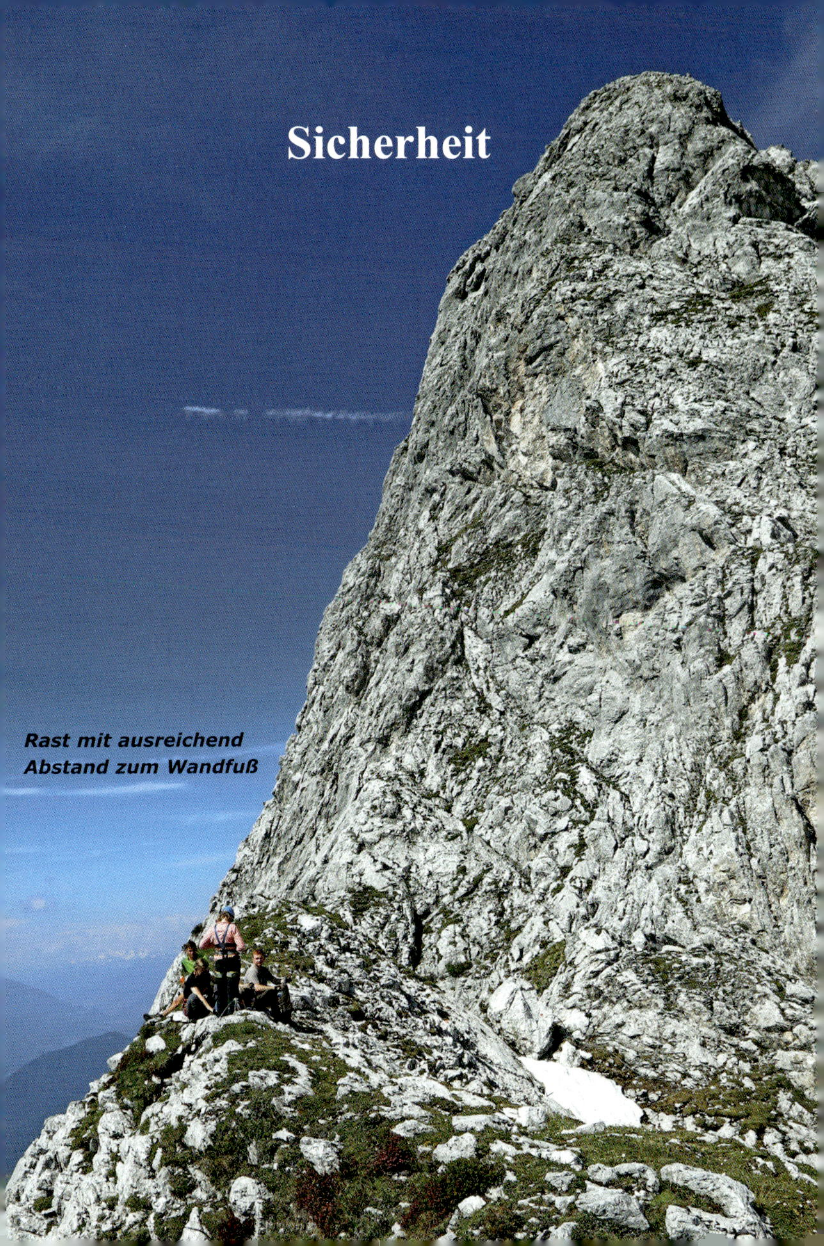

# Sicherheit

*Rast mit ausreichend Abstand zum Wandfuß*

Die eigentliche Tour lässt sich in drei Abschnitte einteilen: Zustieg, Klettersteig und Abstieg. Im Folgenden werden die sicherheitsrelevanten Punkte dieser Abschnitte behandelt.

**ACHTUNG:** Auf allen Klettersteigen gilt ein Grundsatz: Niemals stürzen und immer gesichert sein! Jeder Sturz ist ein Unfall und führt aufgrund des Geländes zu mehr oder weniger schweren Verletzungen. Das Klettersteigset ist als Notsystem zu sehen und das Stürzen gehört **nicht**, wie beispielsweise beim Felsklettern, zur Spielart der Sportart dazu.

## Zustieg

Die Tour beginnt. Es gilt nun die Planung in die Tat umzusetzen. Je besser im Vorfeld geplant wurde, desto weniger Überraschungen kommen auf Sie zu und die Klettersteigtour kann vollauf genossen werden.

Der Zustieg beginnt am Treffpunkt mit den Gruppenteilnehmern. Dies ist in der Regel an einem Parkplatz, dem Bahnhof oder der Seilbahnstation. Bevor es losgeht, bietet sich am Startpunkt ein erster Check der Ausrüstung, des Wetters, der Zeit und der Teilnehmer an. Sind alle fit und ist alles im Rucksack verstaut, kann's losgehen.

Je nach gewähltem Tourenziel variiert der Zeitbedarf des Zustiegs. Beim Zustieg richtet sich die Wandergeschwindigkeit nach dem schwächsten Gruppenmitglied. Idealerweise läuft dieses auch voraus. Außerdem erweist es sich als vorteilhaft, mit einer deutlich geringeren Wandergeschwindigkeit zu starten und sich langsam zu steigern. So kommt der Körper langsam auf Betriebstemperatur und gewöhnt sich an die Belastung. Nach etwa 10-15 Min. ist der Körper in der Regel warm und die Kleidung kann dem Wetter angepasst werden.

Auf dem Zustieg können unterschiedliche Geländearten in verschiedenen Schwierigkeiten begangen werden müssen. Von einfachen bis schweren Bergwegen oder über wegloses Gelände kann es zum Einstieg des Klettersteigs gehen. Im Vorfeld ist zu klären, ob der Weg besondere Gefahrenpotentiale umfasst, die im Auge behalten werden müssen.

Der Zustieg dient auch dazu, sich einen Überblick über die Verhältnisse vor Ort zu machen. Entwickelt sich das Wetter wie prognostiziert oder liegt evtl. noch viel Altschnee in den Wänden? Oftmals kann beim Aufstieg auch bereits der Routenverlauf des Klettersteigs grob bestimmt werden. Nun zeigt sich, ob die Verhältnisse vor Ort mit den gesammelten Informationen übereinstimmen.

☺ Wichtig ist es, dem Körper bereits am Anfang ausreichend Flüssigkeit zuzuführen und gegebenenfalls bereits während des Zustiegs Energienahrung (Energieriegel, -Gel, Banane, etc.) zu sich zu nehmen.

## Anlegen der Ausrüstung

Bevor es an das Anlegen der Ausrüstung geht, sollten zwei Dinge im Vorfeld berücksichtigt werden: der richtige Zeitpunkt und der richtige Ort dafür.

### Den richtigen Zeitpunkt wählen

Je nachdem wie lange der Zustieg ist, kann der Zeitpunkt des Anlegens der Ausrüstung geplant werden. Ist der Einstieg beispielsweise nicht weit vom Ausgangspunkt der Tour (z. B. der Hütte, der Bergstation oder dem Parkplatz) entfernt, kann die Ausrüstung bereits zu Beginn der Tour angelegt werden. So ist das Gewicht nahe am Körper verteilt und mehr Platz im Rucksack. Außerdem ist man

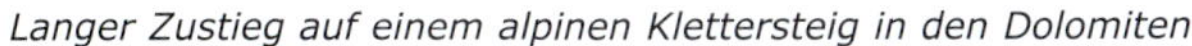

*Langer Zustieg auf einem alpinen Klettersteig in den Dolomiten*

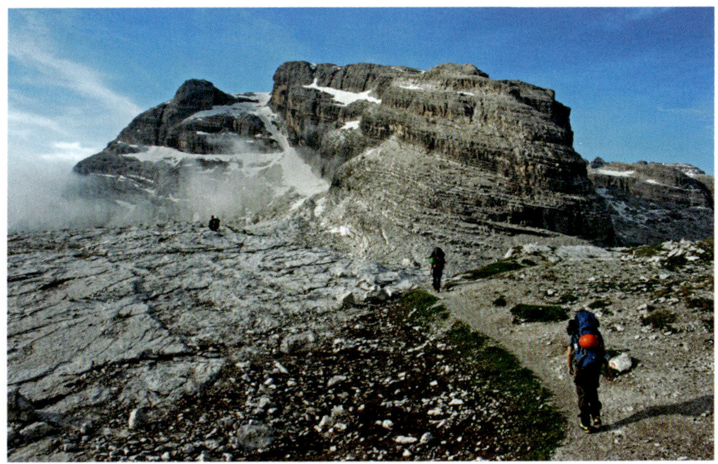

flexibler am Einstieg und kann direkt in den Klettersteig starten. Ist der Zustieg lange, wird die Ausrüstung im Rucksack zum Anseilplatz getragen und kurz vor dem Klettersteig angelegt.

Der Helm sollte bereits beim Zustieg aufgesetzt werden, wenn der Weg entlang steiler Wandfüße, durch schottrige Felsrinnen oder durch andere steinschlaggefährdete Passagen führt.

## Den richtigen Ort wählen

Wird die Ausrüstung im Rucksack zum Klettersteig transportiert, muss eine Pause zum Anlegen der Ausrüstung eingeplant werden. Dabei gilt generell: Nicht direkt am Wandfuß rasten! Es sollte ein Platz vor dem Klettersteig sein (ca. 150-200 m), der nicht steinschlaggefährdet ist und sich außerhalb der Falllinie des Klettersteigs befindet. Außerdem sollte er, um die Ausrüstung sicher anlegen zu können, flache Stellen aufweisen und nicht absturzgefährdet sein.

Bei manchen Klettersteigen sind sogenannte Anseilplätze auch mit einer extra Tafel gekennzeichnet.

**SICHERHEITSTIPP:** Befinden sich Einsteiger in der Gruppe ist etwas mehr Zeit für das Anlegen der Ausrüstung einzukalkulieren als bei Routiniers.

## Sicherheitscheck am Anseilplatz

Es folgt vor dem Anlegen der Ausrüstung ein Sicherheitscheck vor Ort. Folgende Punkte sollten mit Ja beantwortet werden können:

- **Steiganlage:** Ist alles Sichtbare der Steiganlage in gutem Zustand? Ist kein Schild „Wintersperre“ oder „geschlossen“ vorhanden?
- **Wetter:** Stimmt die Prognose mit den Verhältnissen vor Ort überein? Gibt es keine Anzeichen für schlechtes Wetter/Gewitter?
- **Zeit:** Wurde der Zeitplan bisher eingehalten?
- **Ausrüstung:** Ist alles dabei?
- **Umfeld:** Sind die Verhältnisse vor Ort wie vorhergesagt? Liegen keine Altschneefelder in der Wand?

## Klettersteigausrüstung anlegen

- **Helm:** Als erstes wird der Helm aufgesetzt. Bei neuen Helmen oder Leihmaterial empfiehlt es sich, das Einstellen der Helmgröße und des Halteriemens auf den jeweiligen Kopf noch vor der Tour zu erledigen. Dies spart Zeit. Generell gilt: Helm auf, sobald man sich in Felsnähe befindet oder die Möglichkeit von Steinschlag bestehen kann.

▷ **Klettergurt:** Ziehen Sie als nächstes den Klettergurt an. Je nachdem welche Klettergurtkombination verwendet wird, ist Folgendes zu beachten:

♦ **Hüftgurt:** Die Einbindeschlaufe zeigt immer nach vorne. Mit den Beinen in die Beinschlaufen steigen, den Bauchgurt über die Hüfte ziehen und fest anziehen. Achten Sie darauf, dass nichts verdreht ist. Texte und Logos müssen immer lesbar sein (stehen sie auf dem Kopf, ist etwas falsch). Abschließend ziehen Sie die Beinschlaufen an. So fest, dass eine flache Hand noch dazwischen passt. Je nachdem welche Gurtkombination verwendet wird, ggf. noch den Brustgurt einbinden.

♦ **Brustgurt:** Legen Sie zunächst den Brustgurt an, sodass beide Anseilschlaufen nach vorne zeigen und nichts verdreht ist. Auch hier müssen die Logos lesbar sein. Fädeln Sie nun eine 1,2 m lange Bandschlinge durch die Einbindeschlaufe des Hüftgurts. Die Enden müssen gleich lang sein. Binden Sie etwa auf Höhe zwischen Brustbein und Bauchnabel, relativ nahe an der Einbindeschlaufe des Hüftgurtes, einen Sackstichknoten. Nun fädeln Sie die beiden Enden der Bandschlinge durch die Anseilschlaufen des Brustgurtes und binden sie mit einem doppelten Sackstichknoten oder einem doppelten Achterknoten zusammen. (Auf ausreichen Überstand der Enden achten!)

♦ **Kombigurt:** Der Kombigurt besitzt vier Schlaufen. Zwei für die Arme und zwei für die Beine. Dies kann leicht zu Irritationen führen, wo oben und unten ist. Orientieren Sie sich am besten an der Schrift und den Logos. Sie müssen immer lesbar sein. Außerdem hängen die Materialschlaufen immer nach unten und bilden ein „U". Die Anseilschlaufen/-ösen zeigen immer nach vorne. Steigen Sie mit den Beinen in die Beinschlaufen und mit den Armen durch die Armschlaufen. Ziehen Sie falls nötig die Beinschlaufen fest, sodass eine flache Hand noch dazwischen passt.

▷ **Klettersteigset:** Das Klettersteigset wird mit einem Ankerstichknoten direkt mit dem Klettergurt verbunden: bei ausschließlicher Verwendung eines Hüftgurtes an der Einbindeschlaufe, bei einer Hüft-Brustgurt-Kombination um den mittleren Sackstichknoten und bei Kombigurten wird es ebenfalls mit einem Ankerstichknoten durch die beiden Anseilschlaufen befestigt.

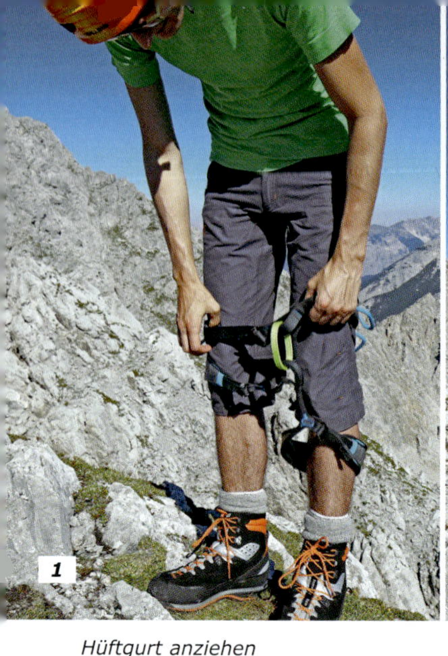


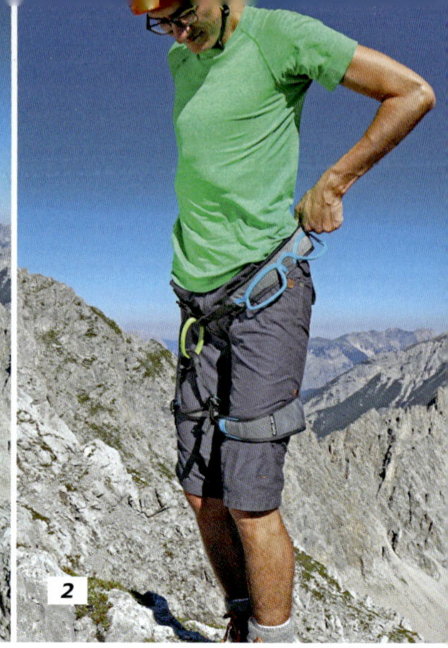


*Hüftgurt anziehen*

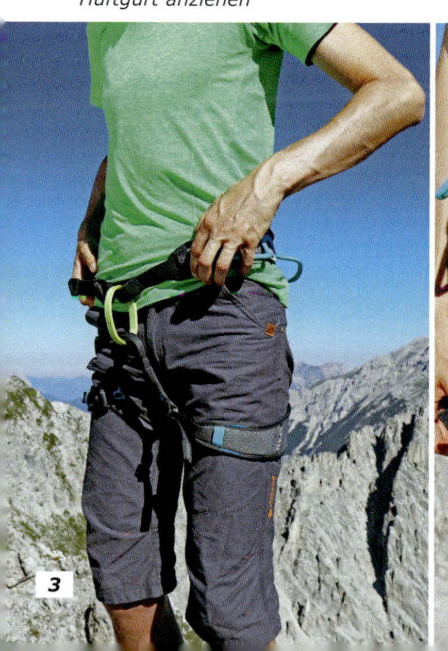


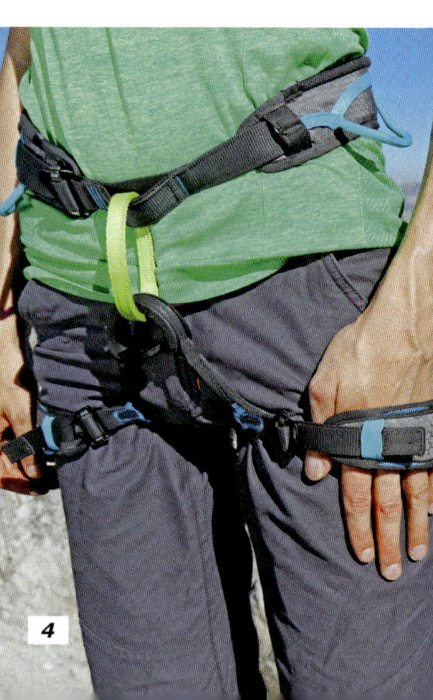

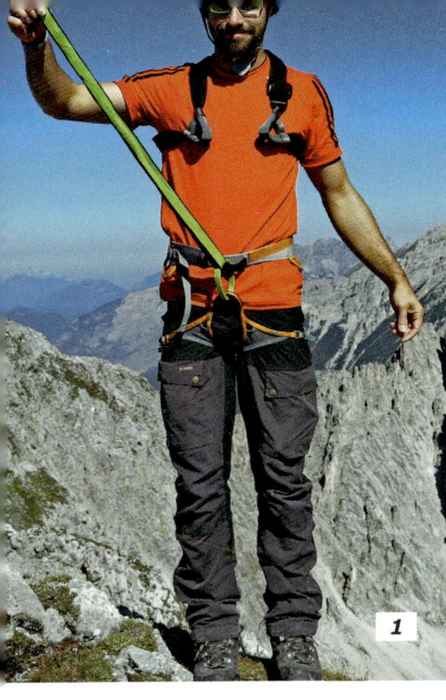


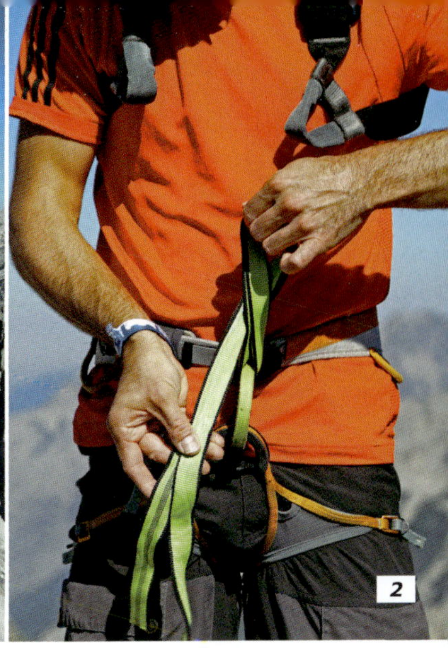


Brustgurt anziehen

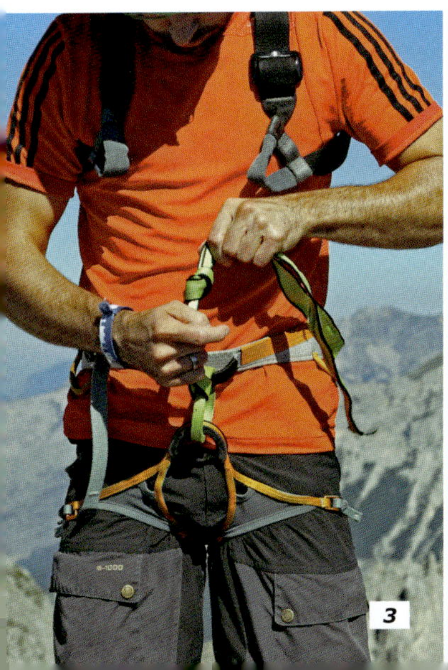


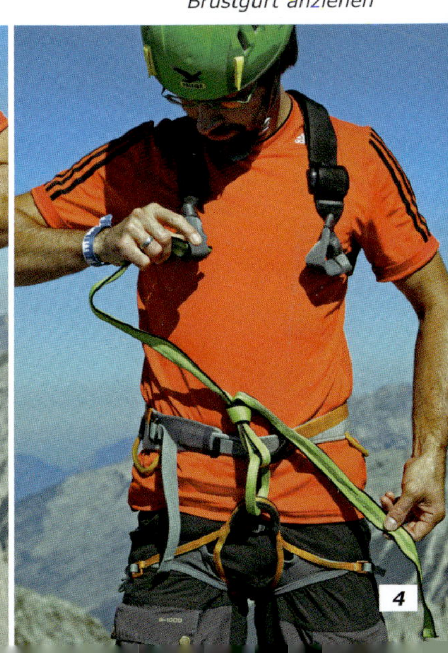

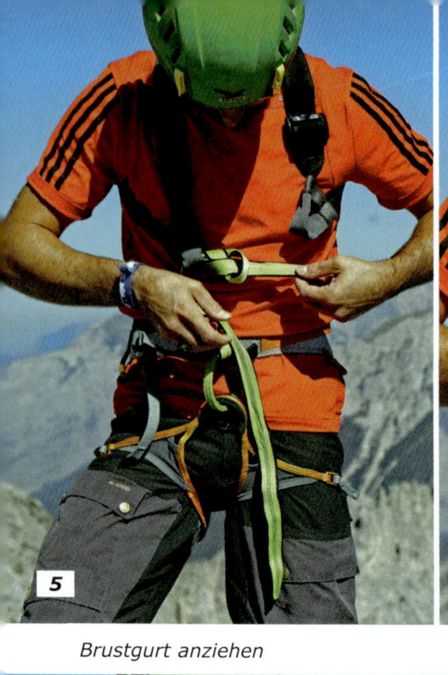


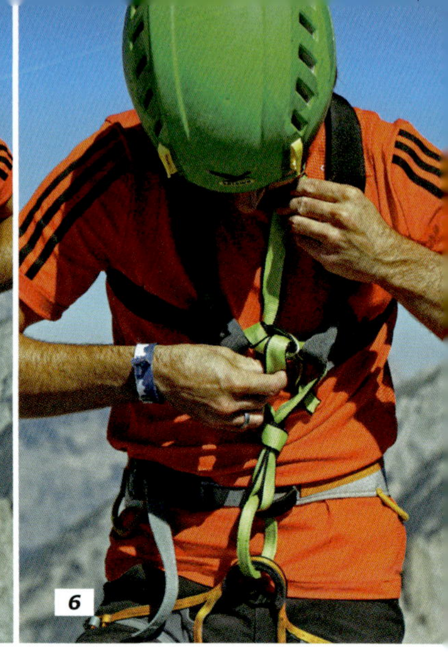


*Brustgurt anziehen*

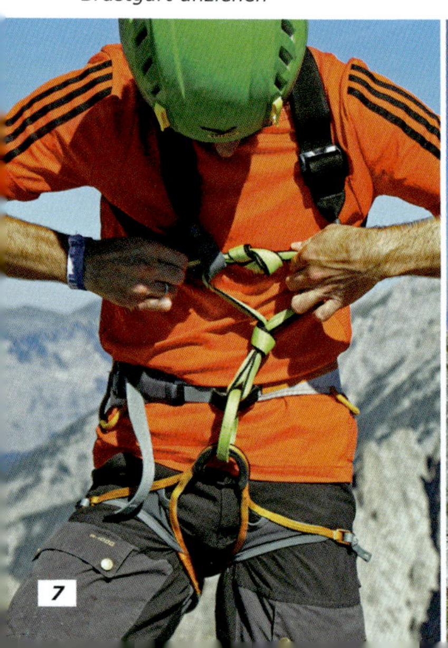


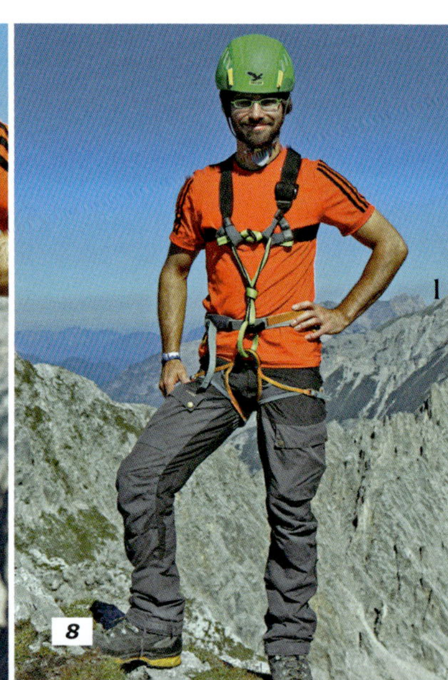

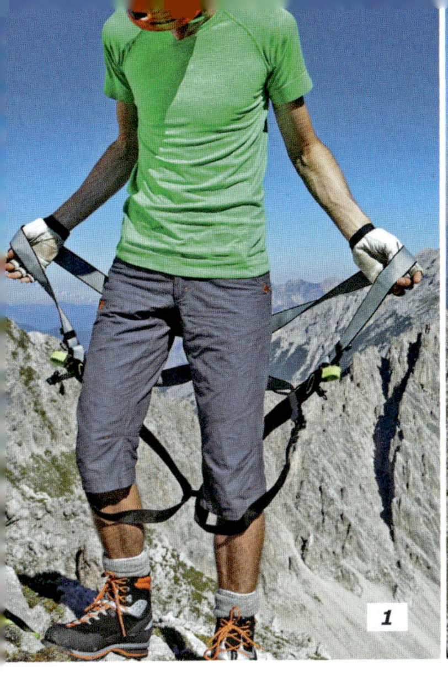


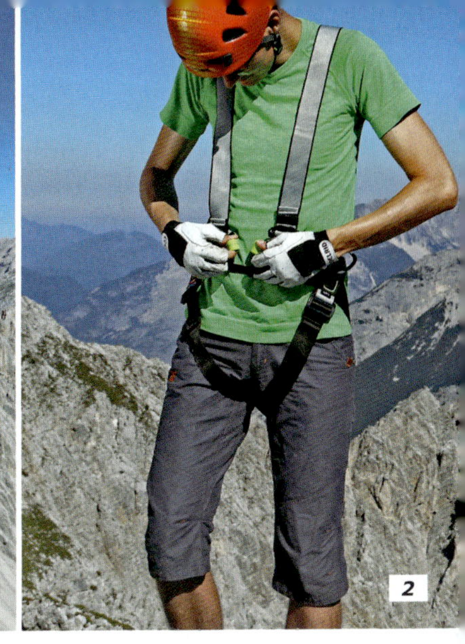


Kombigurt anziehen

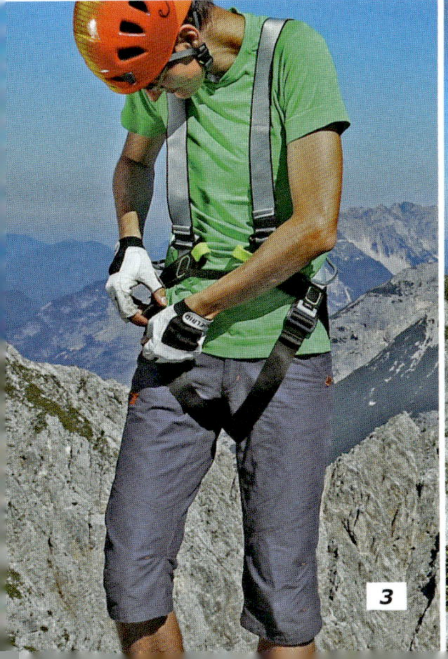


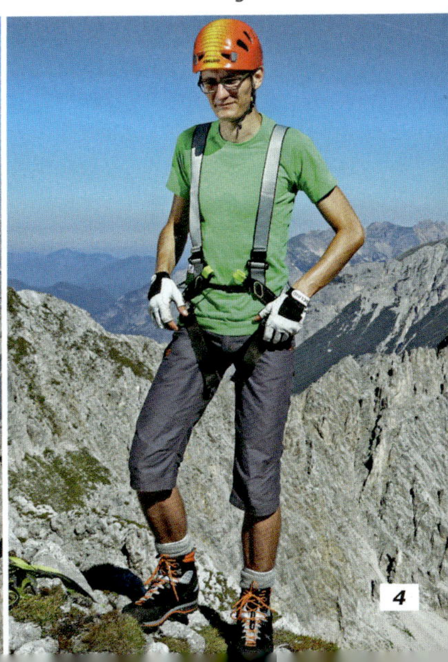

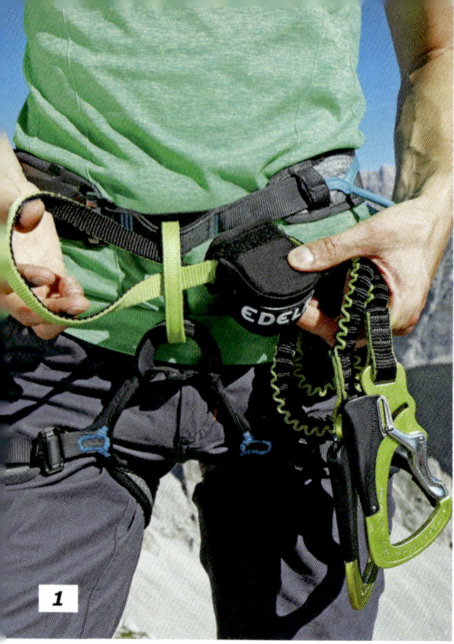

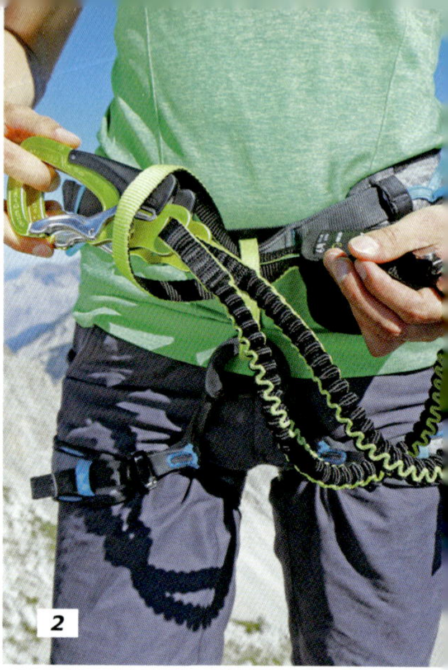

1

2

*Klettersteigset in Hüftgurt einbinden*

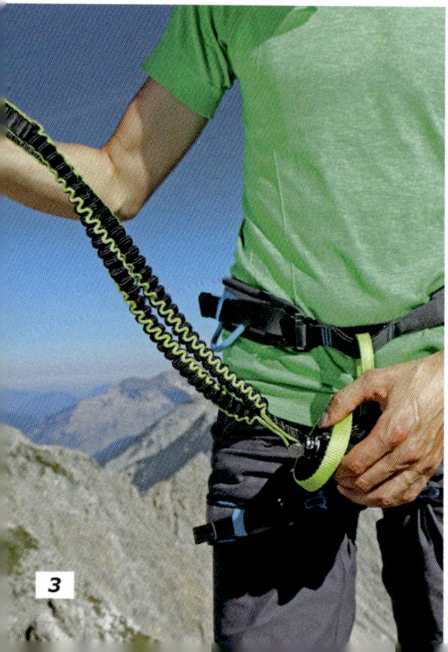

3

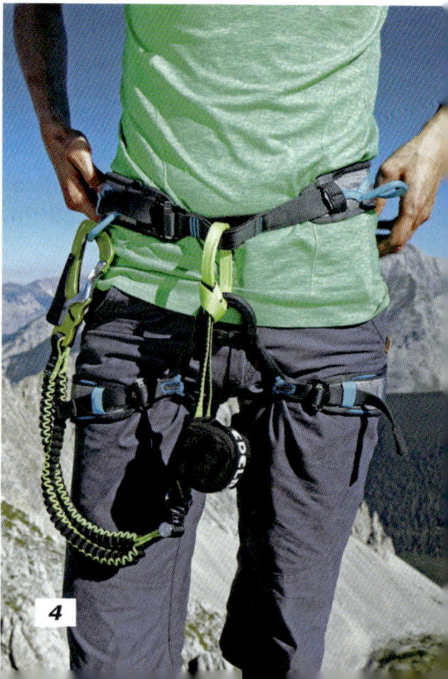

4

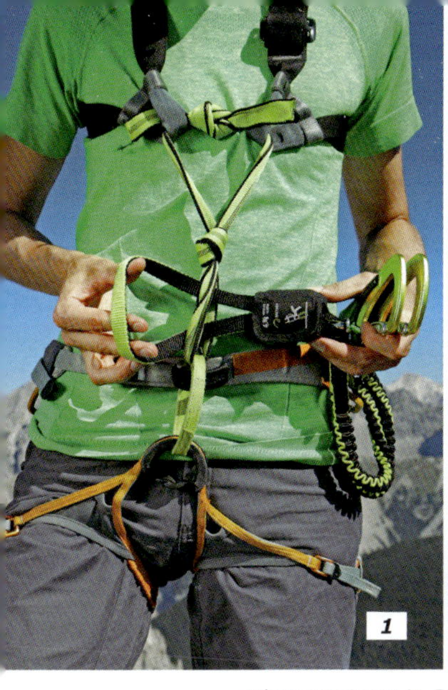


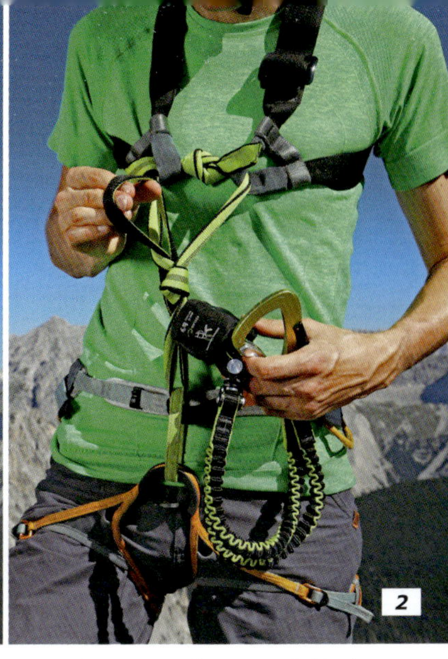


*Klettersteigset in Brust-Hüftgurt-Kombination einbinden*

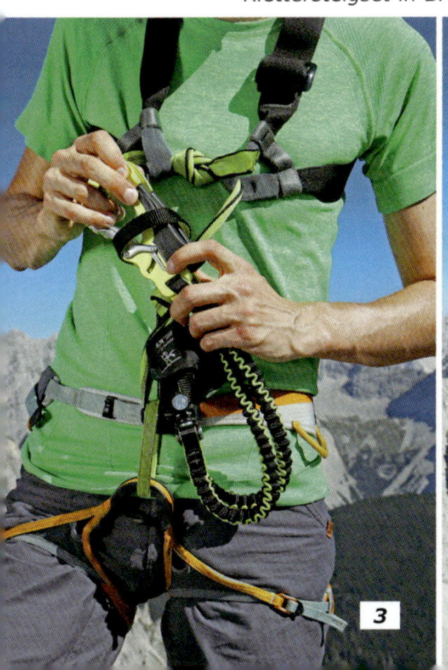


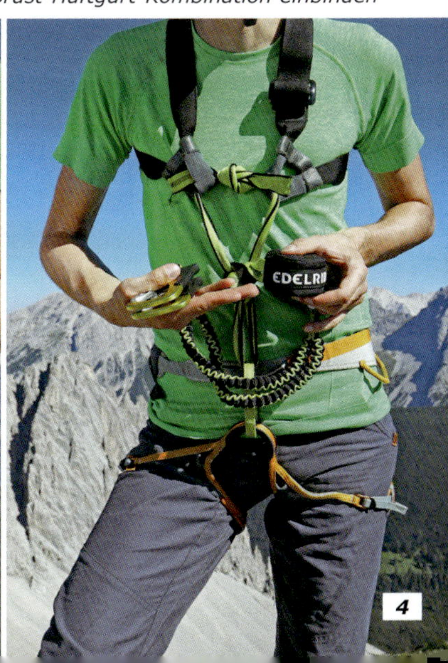

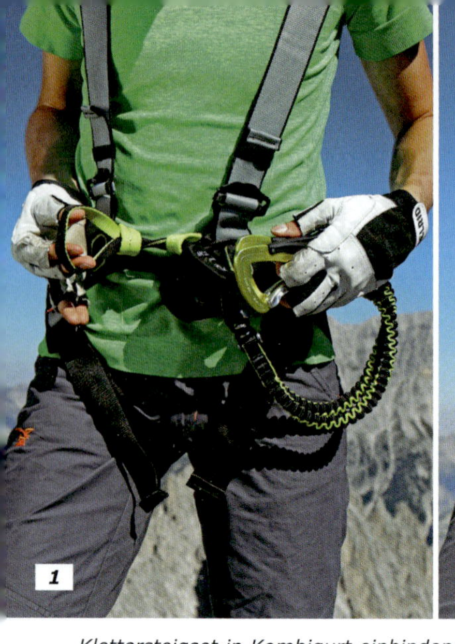


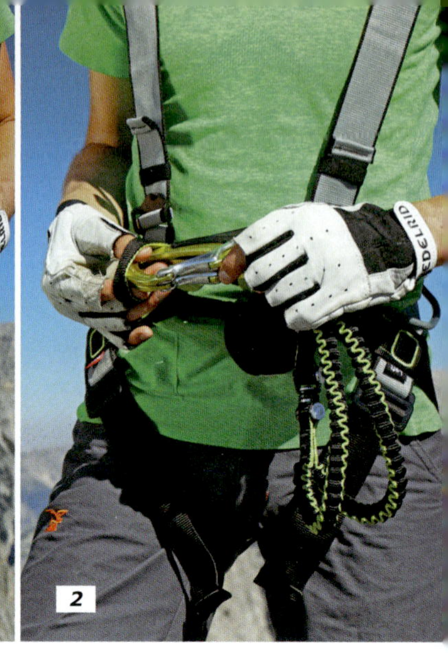


*Klettersteigset in Kombigurt einbinden*

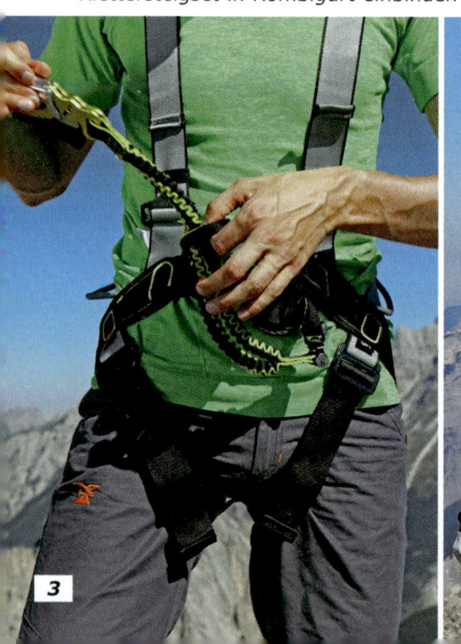


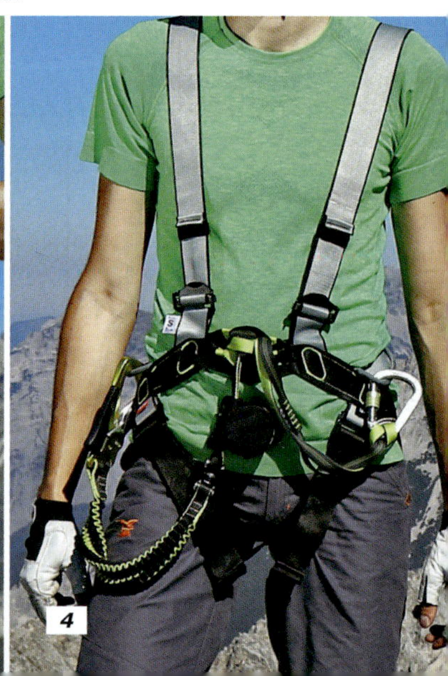

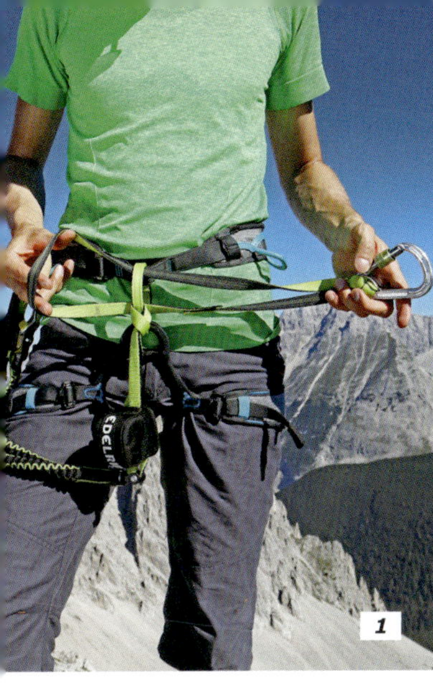


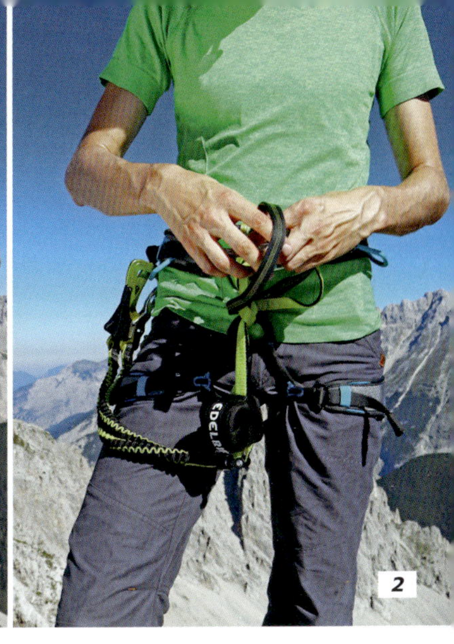


*Kurzfixierung einbinden*

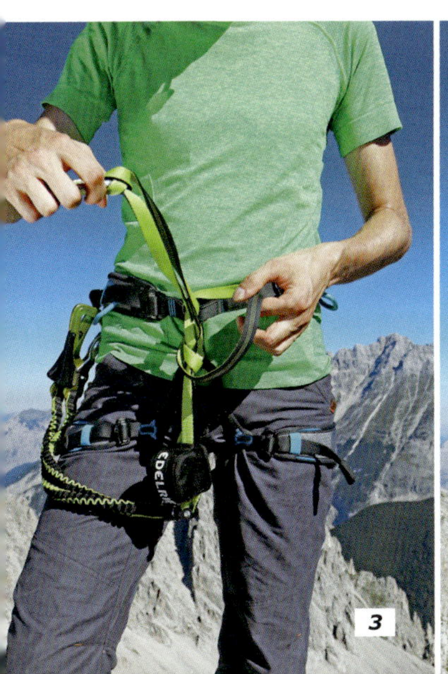


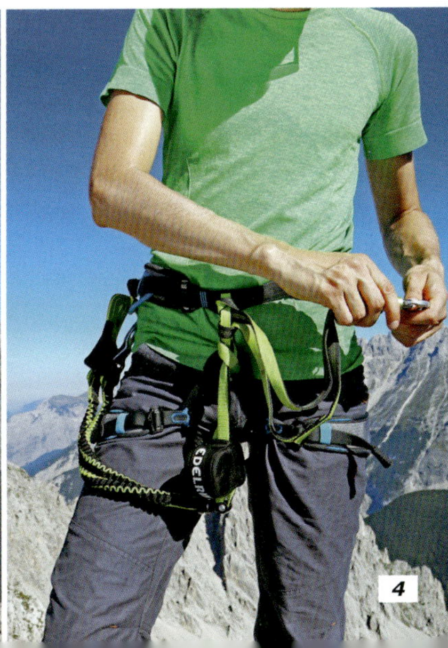

**ACHTUNG:** Keinen Karabiner oder Schlingen zwischen Gurt und Klettersteigset schalten. Das Klettersteigset immer direkt in den Klettergurt einbinden!

**ACHTUNG:** Der Karabiner der Kurzfixierung am Klettersteigset darf niemals an einem Haltepunkt des Gurtes befestigt werden! Dies würde bei einem Sturz dafür sorgen, dass der Bandfalldämpfer überbrückt wird und keinerlei Wirkung hat.

- ▷ **Kurzfixierung:** Sollte das Klettersteigset keine Möglichkeit bieten, einen zusätzlichen Karabiner hinter dem Bandfalldämpfer einzuhängen, kann eine Kurzfixierung aus einer 60 cm Bandschlinge und einem HMS Schraubkarabiner selbst hergestellt werden. Die Bandschlinge wird dazu mit einem Ankerstich an einem HMS Schraubkarabiner befestigt. Das andere Ende wird wieder mit einer Ankersicht in der Einbindeschlinge des Hüftgurtes, bzw. der Einbindeösen eines Kombigurtes befestigt.
- ▷ **Handschuhe anlegen:** Ist die Sicherheitsausrüstung angelegt, können zuletzt die Handschuhe angezogen werden.

## Partnercheck

Ein wesentlicher Punkt zur Erhöhung der Sicherheit ist der Partnercheck. Vier Augen sehen mehr als zwei und in der Vorfreude auf das kühne Steigen am Drahtseil kann das ein oder andere leicht übersehen werden. Auch Routiniers sind vor Flüchtigkeitsfehlern nicht gefeit. Außerdem vermittelt der Partnercheck bei Anfängern ein Gefühl der Sicherheit. Darum muss dieser nach dem Anlegen der Ausrüstung am Anseilplatz immer zuerst durchgespielt werden, bevor es los geht. Gegenseitig sind folgende Punkte aufmerksam zu prüfen:

- ▷ Ist der Klettergurt richtig angelegt? Alle Schlaufen geschlossen?
- ▷ Ist das Klettersteigset richtig angelegt und mit Ankerstich korrekt an der Einbindeschlaufe befestigt?
- ▷ Ist die Kurzfixierung/der Rastkarabiner richtig angelegt?
- ▷ Ist der Bandfalldämpfer einer Sichtkontrolle unterzogen?
- ▷ Ist der Helm richtig angelegt und geschlossen?
- ▷ Ist der Rucksack verschlossen und sind eventuell vorhandene Schlaufen fest angezogen? Sind Teleskopstöcke oder sonstige Ausrüstung sicher am Rucksack befestigt?
- ▷ Ist die Ausrüstung unbeschädigt und sind alle Karabiner funktionsfähig?

**SICHERHEITSTIPP:** Nach dem Partnercheck bietet sich noch eine kurze Abschlusskontrolle an: Liegt man im Zeitplan? Ist das Wetter wie prognostiziert? Wer klettert voraus? Muss evtl. zusätzlicher Abstand eingehalten werden?

# Auf dem Klettersteig

Der Zustieg und alle Vorbereitungen sind abgeschlossen. Nun folgt für viele das eigentliche Ziel der Tour. Das vertikale Steigen am Drahtseil. Auf einem Klettersteig kommt es in erster Linie auf die korrekte Sicherung an. Ist man mit einer Gruppe unterwegs, orientiert sich die Geschwindigkeit wie beim Zustieg am schwächsten Gruppenmitglied. Der erfahrene Klettersteiggeher geht hinten (außer bei Seilsicherung). Und die Gruppe bleibt unter Einhaltung des Mindestabstandes zusammen. So ist eine Kommunikation untereinander während der Tour problemlos möglich (im Zweifelsfall Kommunikationskette).

Neben der korrekten Selbstsicherung sind auf dem Klettersteig folgende Punkte von essenzieller Wichtigkeit:

▷ Immer ausstreichend **Abstand** halten!
▷ **Überholen** nur unter Absprache an geeigneten Stellen!
▷ Klare **Kommunikation** untereinander und mit Fremden!
▷ Keinen **Steinschlag** auslösen (bewusstes Steigen)!
▷ Gegenseitige **Rücksichtnahme** und Hilfe in Notsituationen!

## Sicherung

Generell gilt das Prinzip: Auf dem Klettersteig sind immer zwei Karabiner im Stahlseil eingehängt (Y-Bauart mit Bandfalldämpfer). Viele Unfälle passieren, weil die Ausrüstung nachlässig bedient wird oder gleich gar keine Ausrüstung mitgeführt wird. Jeder Klettersteiggeher kennt das. Mit einem Karabiner ist man schneller unterwegs. Allerdings stellt eine nachlässige Sicherung ein unnötiges Risiko dar.

**SICHERHEITSTIPP:** Der Bandfalldämpfer darf unter keinen Umständen überbrückt werden! Darum niemals einen Klettersteigkarabiner oder den Karabiner der Kurzfixierung am Gurt oder einer Materialschlaufe befestigen!

# Umhängen

Das Kernstück der Sicherung auf Klettersteigen ist leicht zu erlernen. Bei modernen Klettersteigsets müssen generell beide Klettersteigkarabiner am Stahlseil eingehängt bleiben. Erreichen Sie den nächsten Stahlanker, hängen Sie zunächst den oberen Karabiner vor der Verankerung aus und hinter der Verankerung wieder ein. Darauf folgt der zweite Karabiner auf die gleiche Weise.

Das Prinzip ist simpel. Die Schwierigkeit besteht in der Klettersteig-Praxis darin, dieses Prinzip auch konsequent anzuwenden. Unfälle passieren meist, wenn es Klettersteiggeher für überflüssig erachten, sich korrekt mit beiden Karabinern zu sichern.

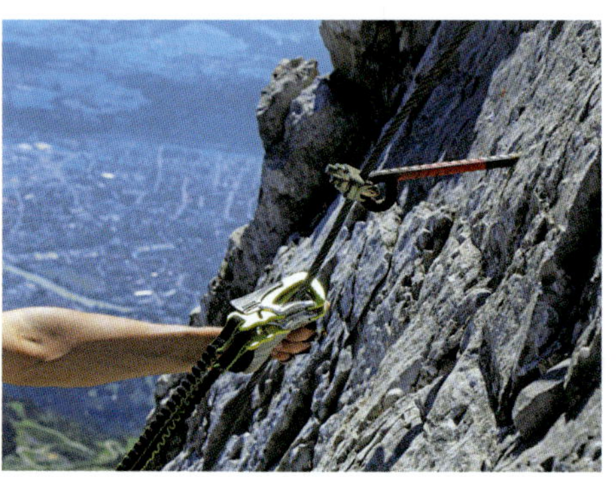

*Beide Karabiner mit einer Hand mitschieben*

Um weite Stürze zu vermeiden, sollten die Karabiner möglichst früh aus einer stabilen Position heraus umgehängt werden. An senkrechten Passagen schieben Sie die Karabiner idealerweise mit einer Hand neben sich her. So sind sie leicht erreichbar und baumeln nicht unter Ihnen zwischen den Füßen.

Sonderfälle beim Umhängen bilden beispielsweise Seilbrücken, Netze oder Leitern. Es kann vorkommen, dass mehr als ein Sicherungsseil vorhanden ist. Bei zwei Sicherungsseilen hängen Sie jeweils einen Karabiner in ein Sicherungsseil ein. Seilbrücken dürfen in der Regel nur von einer Person auf einmal begangen werden. Sollte neben einer Leiter kein Sicherungsseil verlaufen, hängen Sie die Karabiner direkt in die Leitersprossen ein. Meistens befindet sich auch kurz vor einer Steiganlage eine Hinweistafel darüber, wie sie begangen werden soll.

☺ **Langer Arm:** Das Halten am gestreckten Arm spart Armkraft beim Umhängen.

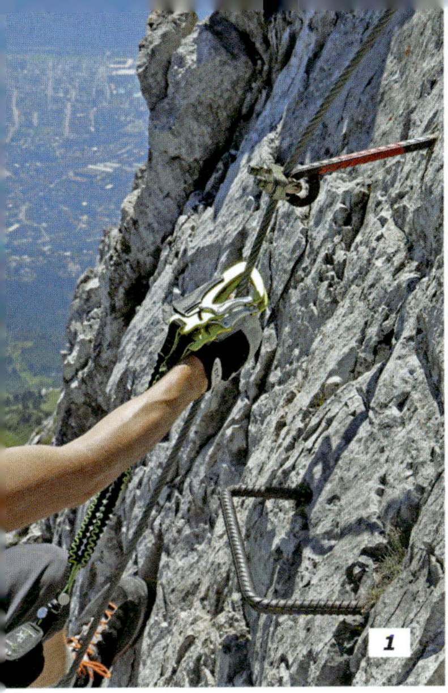

1

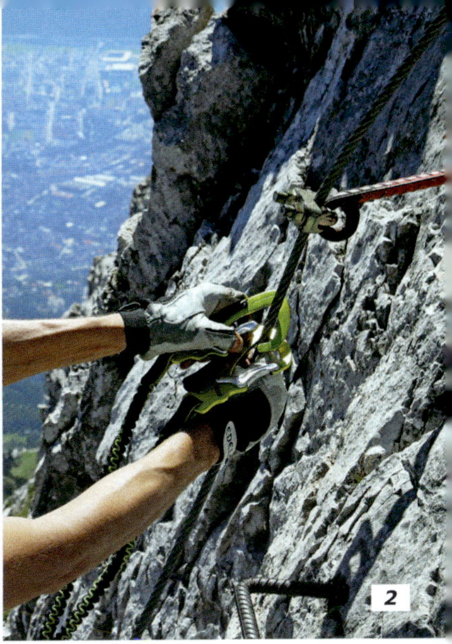

2

Umhängen

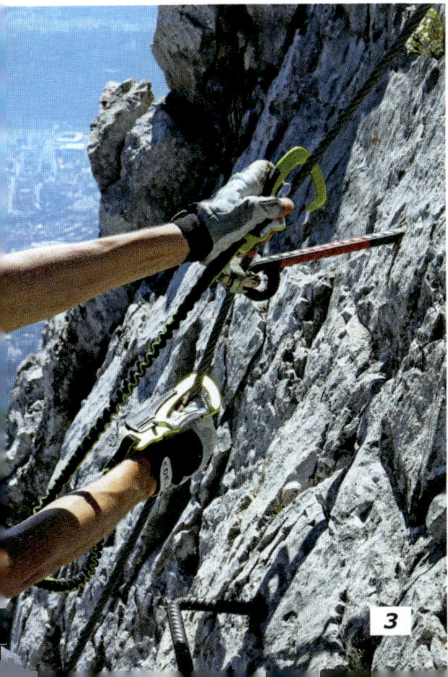

3

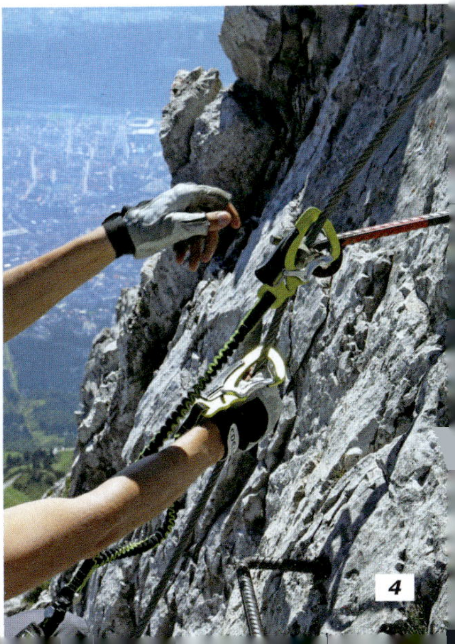

4

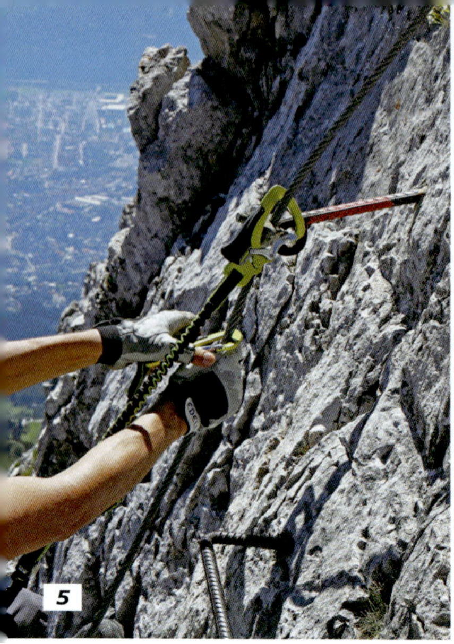

5

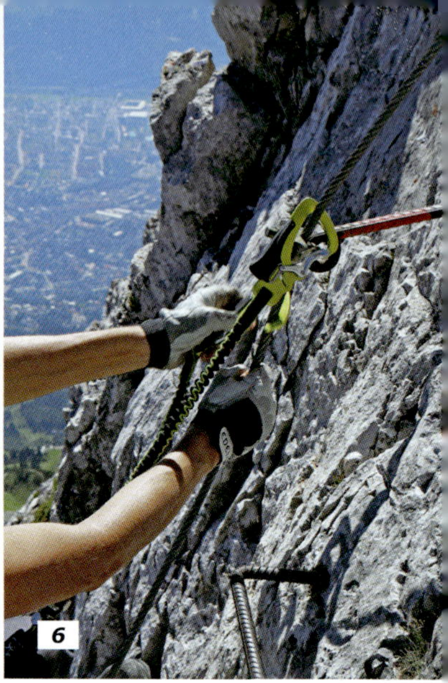

6

*Umhängen*

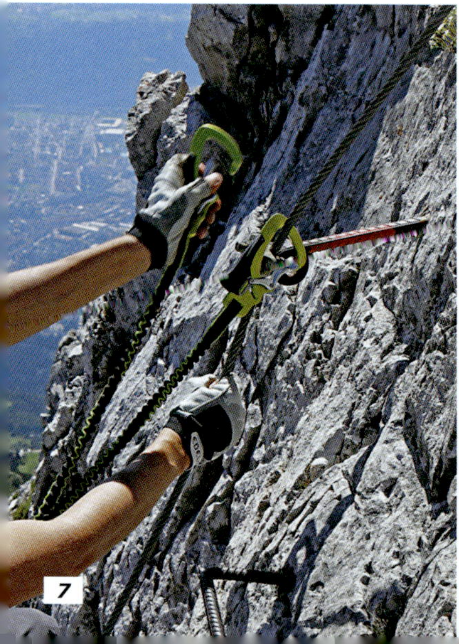

7

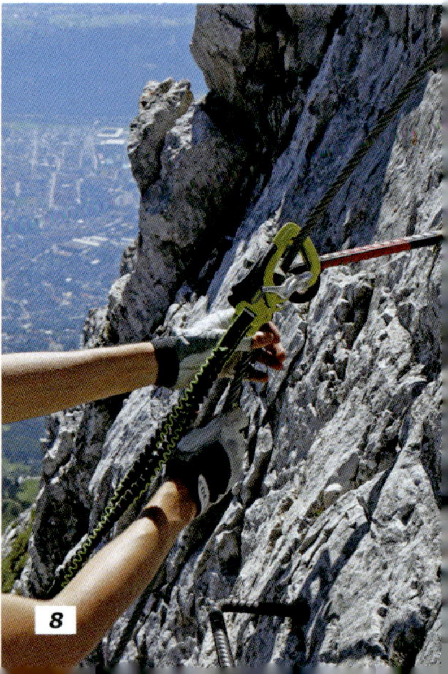

8

## Ausreichend Abstand halten

Bei einem Sturz im Klettersteig besteht die Gefahr, dass der folgende Klettersteiggeher bei zu wenig Abstand mitgerissen wird. Im schlimmsten Fall wird ein Dominoeffekt ausgelöst, wobei es durch den Sturz eines Einzelnen zu Verletzungen bei einer großen Gruppe kommt.

Aus diesem Grund ist genau darauf zu achten, dass ein ausreichend großer Mindestabstand zum Vordermann eingehalten wird.

Bei horizontalen Quergängen darf sich in einem Sicherungssegment (der Abstand zwischen zwei Verankerungen) immer nur eine Person befinden. Bei Anstiegen, steilen oder senkrechten Passagen muss sich noch zusätzlich ein „leeres" Sicherungssegment zwischen zwei Kletterern befinden. Denn bei einem möglichen Sturz fällt der Vordermann an der letzten Verankerung vorbei, das Klettersteigset löst aus und so befinden sich die Beine des Klettersteiggehers gut 3,2 m unter der letzten Verankerung.

In der Praxis wird die Einhaltung des Mindestabstandes meist nicht korrekt beachtet und oft animiert ein weiter Abstand zum Vordermann auch nachfolgende Klettersteiggeher dazu, zu überholen. Trotzdem ist ein ausreichender Abstand zum Vordermann das A und O, die eigene Sicherheit auf dem Klettersteig zu erhöhen und unnötige Verletzungen durch vorausgehende Klettersteiggeher zu vermeiden.

**SICHERHEITSTIPP:** Bei Kindern gilt diese Regel nicht. Dort sollte dicht aufgeschlossen werden, um Hilfestellung geben zu können.

## Griffe und Trittarten

### Grifftechnik

Anders als beim Felsklettern, bei dem zwangsläufig nur natürliche Griffe verwendet werden können, haben Klettersteiggeher durch das Stahlseil die komfortable Möglichkeit, immer einen guten Griff parat zu haben. Neben dem Stahlseil sind je nach Schwierigkeitsniveau auch mehr oder weniger zusätzliche Steighilfen in Form von Metallbügeln oder Stahlstiften am Fels befestigt.

Allerdings ist es anstrengend und nicht effizient, sich nur am Stahlseil hochzuziehen. Kräftesparender ist es, Stahlbügel und Stifte zu greifen oder auch große natürliche Felsgriffe zu verwenden. Ideal ist ein flüssiges und geschmeidiges Klettern mit abwechslungsreichen Griffen.

Um Armkraft zu sparen, ist zudem ein „weicher Griff" vorteilhaft. Die Finger und Armmuskulatur werden dabei nur so stark angespannt wie nötig. Außerdem können die Griffe mit gestrecktem Arm gegriffen werden, um ebenfalls Kraft zu sparen.

Beim Rasten stellen Sie die Füße auf einen guten Tritt und drücken die Hüfte gegen den Fels. Der Oberkörper geht nach hinten, sodass Sie am gestreckten Arm hängen. Diese Position ist kraftsparend und der freie Arm kann nach unten ausgeschüttelt werden. Eine Position, die man bei Felskletterern oft beobachten kann.

**SICHERHEITSTIPP:** Vorsicht vor losen Griffen im Fels. Natürliche Griffe immer auf Festigkeit prüfen.

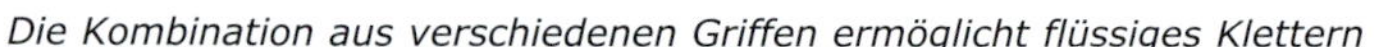

*Die Kombination aus verschiedenen Griffen ermöglicht flüssiges Klettern*

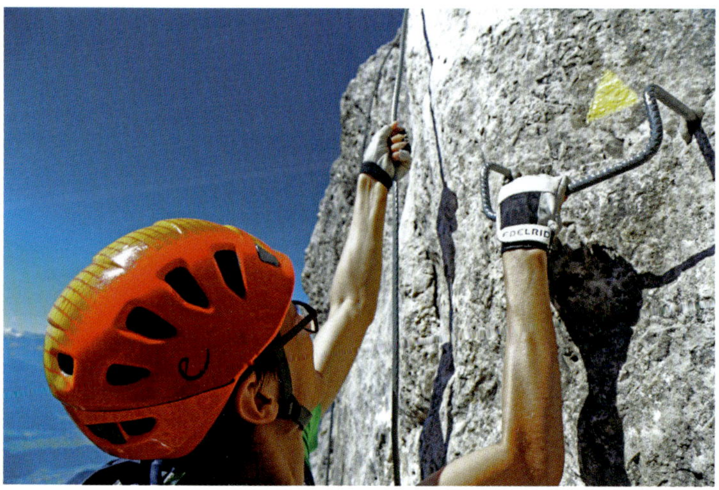

## Tritttechnik

Wie der Begriff „Bergsteigen" schon verdeutlicht, verrichten die Füße die meiste Arbeit auf Bergtouren. Dabei kommt es in Klettersteigen auf die richtige Steigtechnik an. Wird das eigene Körpergewicht nur aus den Armen heraus bergauf gezogen, ist dies anstrengend und führt schnell zu vorzeitiger Ermüdung.

Aus diesem Grund sollte das Körpergewicht hauptsächlich aus den Füßen heraus gen Gipfel gestemmt werden. Die Arme dienen hauptsächlich zum Halten des Gleichgewichts und um zu verhindern, zur Seite oder nach hinten wegzukippen. Ausnahmen bilden natürlich artistische Elemente in schweren Klettersteigen, wo die Arme zusätzlich zu den Füßen zum Ziehen eingesetzt werden. Dies sollte allerdings die Ausnahme und nicht die Regel sein.

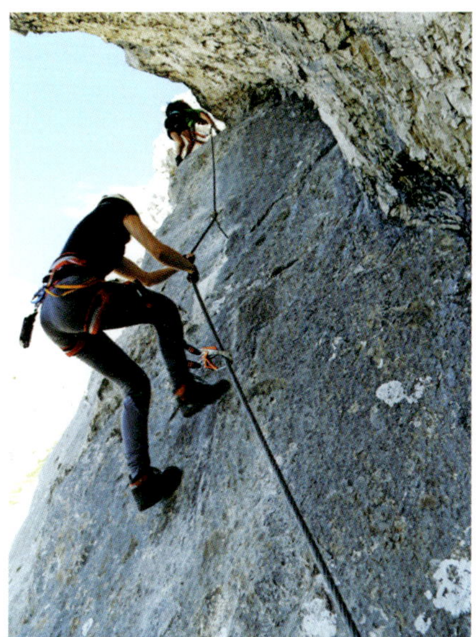

*Reibungsklettern an Stellen ohne Felsstruktur oder künstliche Tritthilfen*

Von essenzieller Wichtigkeit bei der Tritttechnik ist das Schuhwerk. Im Gegensatz zu den Griffen werden die Füße hauptsächlich auf den Fels gesetzt, was erhöhte Anforderungen an die Sohlen stellt. Nur mit geeignetem Schuhwerk können schmale Felsleisten, Metallklammern oder kleine Tritte in der Felsstruktur sauber angetreten werden.

Weist der Fels keine oder nur sehr geringe Strukturen auf, kann der Schuh auch auf Reibung gegen den Fels gedrückt werden. Hierbei sind eine gewisse Routine und auch Vertrauen in die Sohle wichtig, was sich allerdings mit etwas Übung leicht erlernen lässt.

## Rasten mit der Kurzfixierung (Selbstsicherung)

Mit der Kurzfixierung können Sie sich, wie der Name schon sagt, kurz an einer geeigneten Stelle fixieren. Dazu bieten viele Klettersteigsets die Möglichkeit, einen zusätzlichen Karabiner direkt am Set zu befestigen (Herstellerangabe beachten!), der zur Kurzfixierung verwendet werden kann. Besitzt das Klettersteigset keine

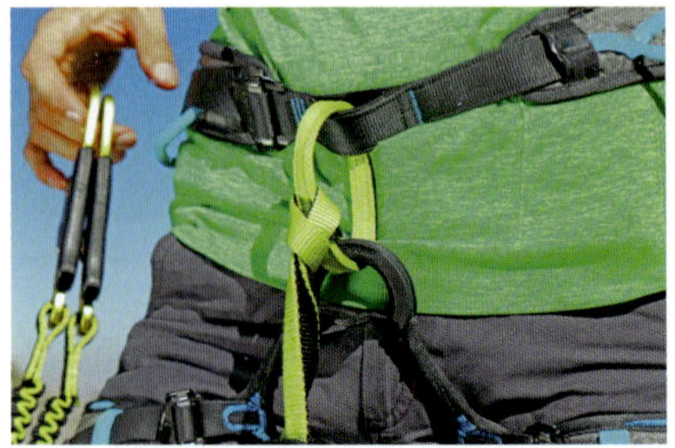

*Kurzfixierung: Ankerstichknoten*

Möglichkeit zur Kurzfixierung, erfüllt auch eine zusätzliche mitgeführte Bandschlinge mit einem HMS-Karabiner denselben Zweck (☞ Ausrüstung, Klettersteigspezifische Ausrüstung, Bandschlinge).

Der Karabiner zur Kurzfixierung kann bei Bedarf an einem Stahlanker, einem Metallbügel oder sonstigen Fixpunkten im Fels eingehängt werden, sodass Sie sich kurz in den Klettergurt setzten können und die Hände freibekommen. Beim Rasten an senkrechten Passagen wird die Kurzfixierung immer oberhalb der nächsten Verankerung ins Stahlseil eingehängt. Bei waagrechten Quergängen ohne nennenswerte Neigung kann sie auch direkt ins Stahlseil eingehängt werden. Die beiden Klettersteigkarabiner bleiben in jedem Fall immer eingehängt.

**ACHTUNG:** Auch beim Rasten mit der Kurzfixierung bleiben beide Klettersteigkarabiner eingehängt!

**ACHTUNG:** Wird ein Schraubkarabiner verwendet, diesen nach dem Einhängen immer zuschrauben!

*Rast an der Kurzfixierung*

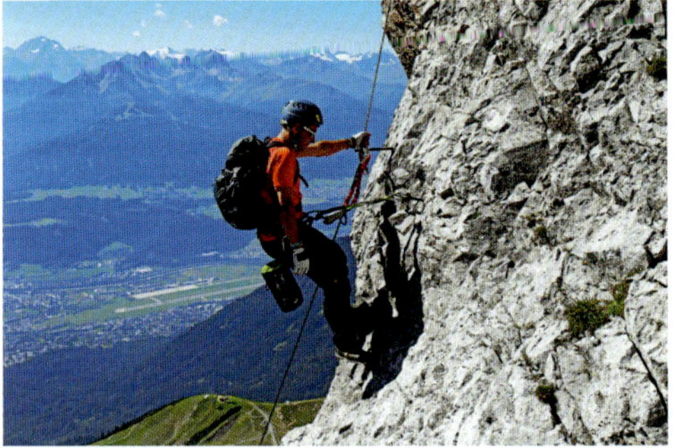

**ACHTUNG:** Kurzfixierung nur statisch verwenden! Nach der Rast muss die Zusatzsicherung mit einer Bandschlinge generell entfernen werden und darf auf keinen Fall in einer senkrechten Passage im Stahlseil eingehängt bleiben. Der Bandfalldämpfer würde so überbrückt. Bei einem Sturz würde dadurch keine Dämpfung erfolgen und Lebensgefahr bestehen.

## Zusätzliche Seilsicherung

Sind Anfänger, schwächere Klettersteiggeher oder Kindern mit auf der Tour, erhöht eine zusätzliche Seilsicherung an kritischen Stellen die Sicherheit ungemein. Allerdings muss die Handhabung sicher beherrscht werden. Wer sich unsicher ist, dem bieten spezielle Kurse die Möglichkeit, das richtige Nachsichern zu üben.

**Material:** Einfachseil 15-25 m, HMS Karabiner, Bandschling 60 cm, 2-3 Express-Sets.

### Ablauf einer zusätzlichen Seilsicherung

Folgendes Beispielszenario: Sie stehen direkt vor der senkrechten Schlüsselstelle des Klettersteigs und möchten eine Person aus der Gruppe zusätzlich nachsichern.

*HMS Seilsicherung*

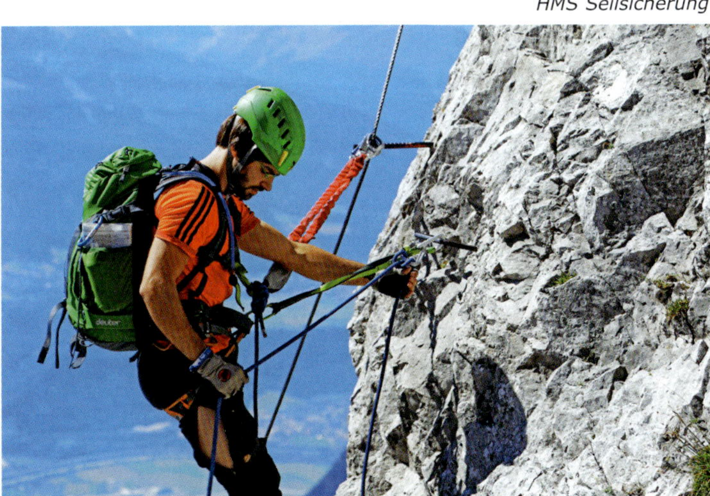

- **Einbinden:** Zunächst wird das Seil einmal durchgezogen, damit keine Knoten im Seil sind. Anschließend binden sich beide Klettersteiggeher (Vor- und Nachsteiger) mit einem doppelten Achterknoten jeweils an einem Ende des Seils ein (am Anseilpunkt, wo bereits das Klettersteigset eingebunden ist).
- **Partnercheck:** Sind die Knoten korrekt an der richtigen Stelle eingebunden? Ist das Seil durchgezogen und knotenfrei?
- **Vorstieg:** Der sichere Klettersteiggeher klettert voraus. Der Nachsteiger wartet an einer günstigen Stelle und fixiert sich mit der Kurzfixierung an einer Verankerung. Er gibt das Seil langsam aus der Hand. Der Vorsteiger klettert über die schwierige Stelle, bzw. sollte sie länger sein, bis an eine Verankerung bevor das Seil zu Ende ist. Dort legt er sich einen Stand. Passiert er einen Quergang, kann er die Seilführung durch das Einhängen von Express-Sets erleichtern.
- **Stand:** Der Vorsteiger fixiert sich selbst mit der Kurzfixierung an einer günstigen Stelle. Dann befestigt er eine Bandschlinge (60 cm) mit einem Ankerstichknoten an einer Verankerung. In die Bandschlinge hängt er einen HMS Karabiner ein. Dieser Karabiner wird zur HMS Sicherung verwendet. Dabei wird das Seil mit einem Halbmastwurf eingelegt und entsprechend nachgesichert. (Das richtige Bedienen der HMS Sicherung setzt Übung voraus. Im Zweifel sollte ein Kurs besucht werden.)

*Achterknoten: Richtige Position für den Knoten finden*

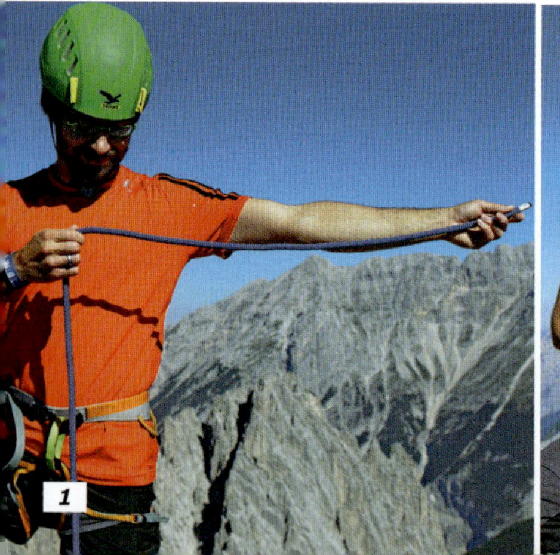


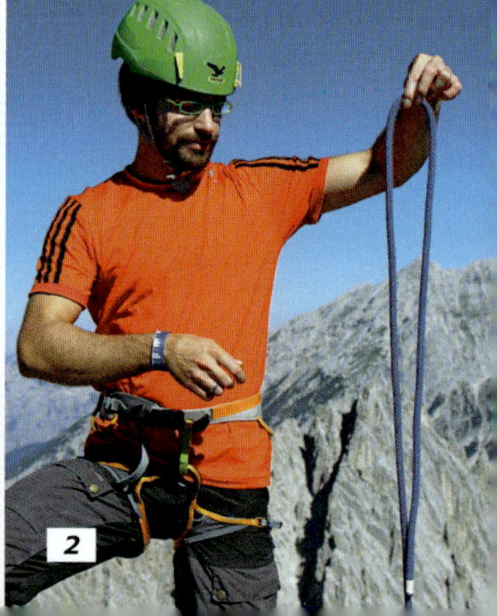

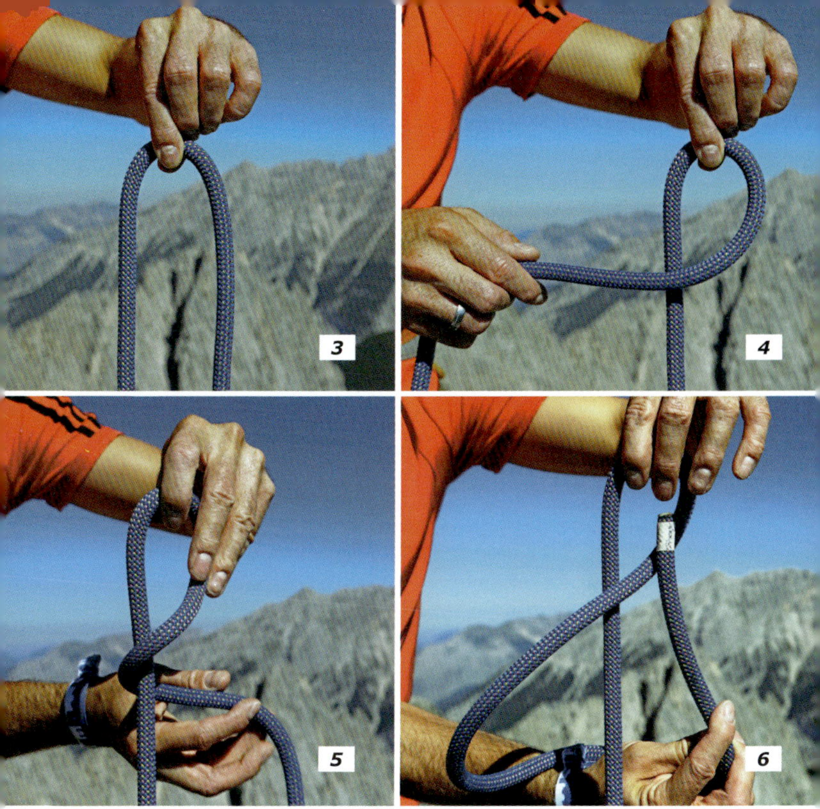

3

4

5

6

Achterknoten

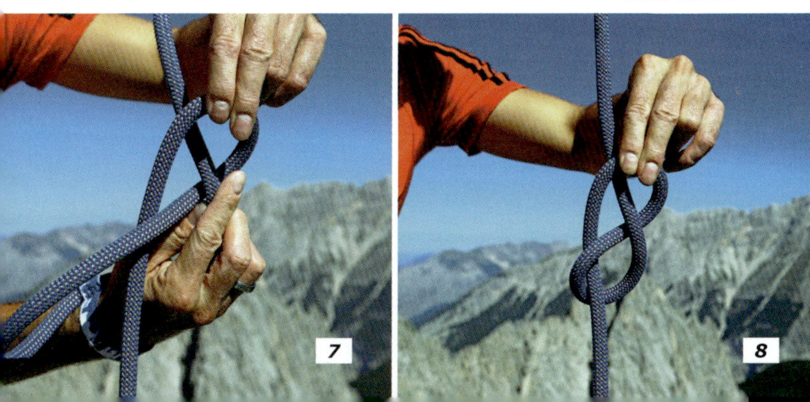

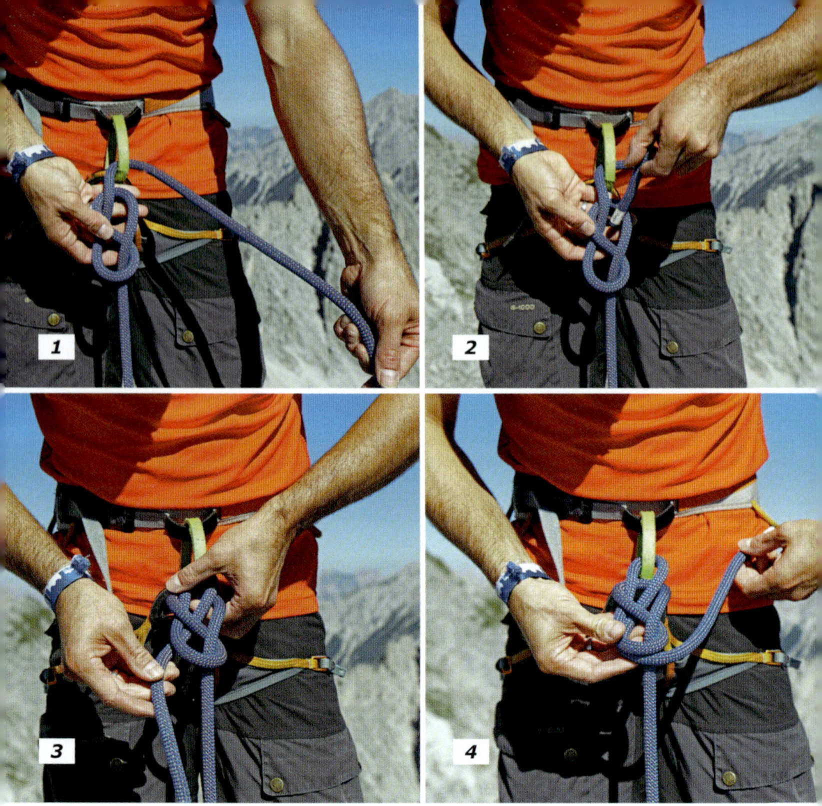

1

2

3

4

*Achterknoten einbinden*

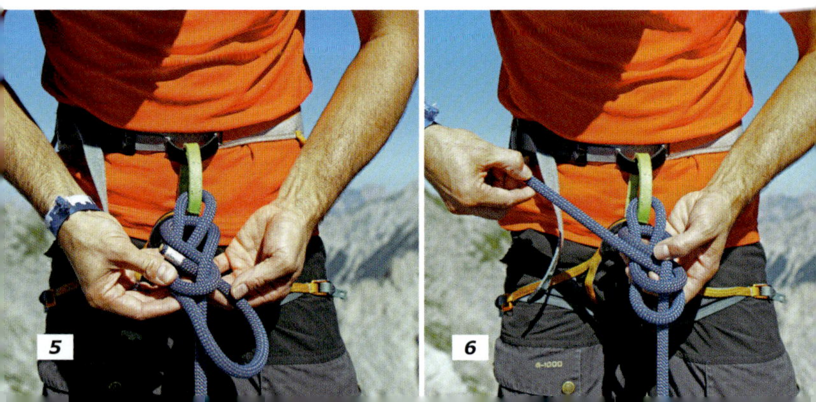

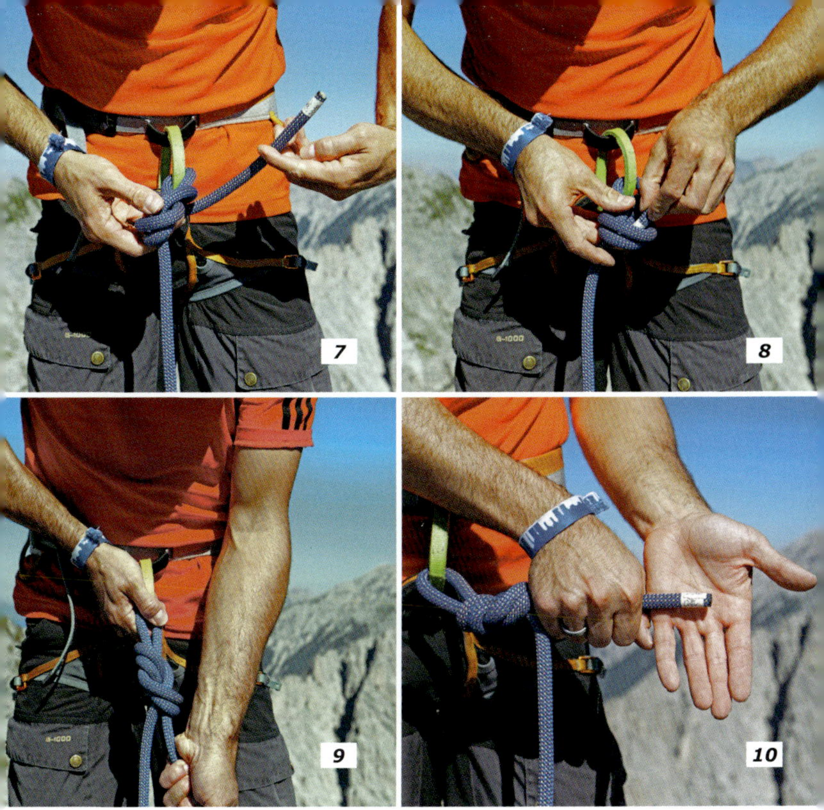

7

8

9

10

Achterknoten einbinden ( Auf richtige Länge achten!)

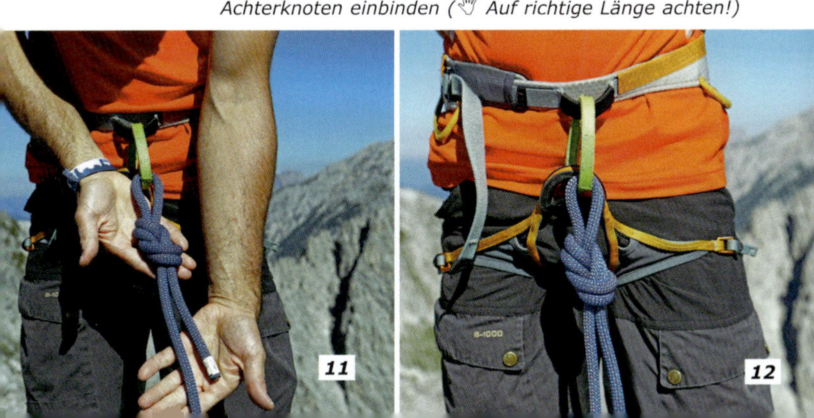

▷ **Nachstieg:** Ist die HMS Sicherung korrekt eingehängt, ruft der Vorsteiger das Kommando „Nachkommen!“. Der Nachsteiger entfernt seine Selbstsicherung und antwortet mit dem Kommando „Komme!“. Daraufhin steigt er langsam zum Vorsteiger auf und dieser sichert ihn mit der HMS Sicherung nach. Dabei bleibt der Nachsteiger mit seinem Klettersteigset immer im Stahlseil eingehängt und hängt an den Verankerungen um, als wäre er nicht zusätzlich gesichert. Ist er beim Vorsteiger angekommen, hängt er über der Verankerung des Vorsteigers ein, sie packen das Seil zusammen und beide klettern normal weiter. Falls die schwierige Stelle noch nicht überwunden wurde, beginnt es wieder bei Schritt 1.

**SICHERHEITSTIPP:** Die zusätzliche Seilsicherung sollte nur mit absoluter Beherrschung der Technik und Ausrüstung verwendet werden. Bei falscher

*Seilkit: Sicherung mit dem Belay Kit von Edelrid*

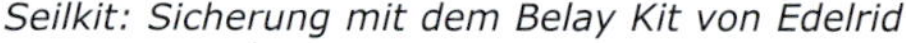

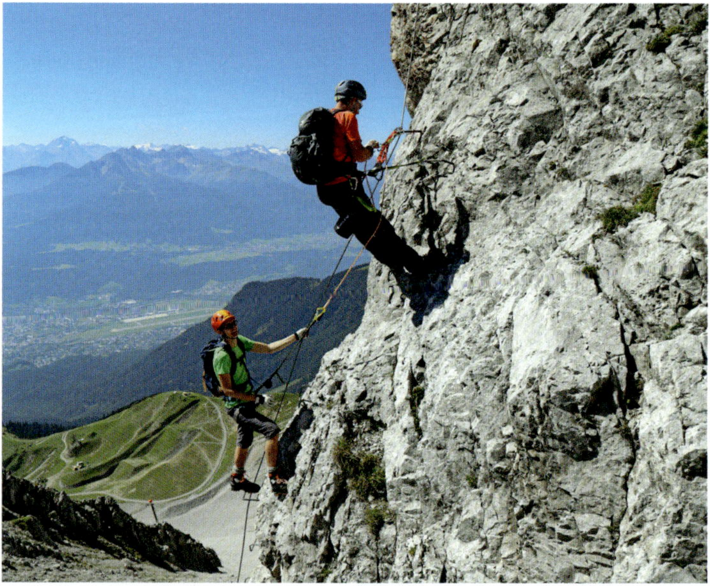

Anwendung droht Absturz und Lebensgefahr. Im Zweifel sollte ein Kurs besucht werden.

**Seilkit**

Auf dem Markt sind auch sogenannte Seilkits im Angebot, die extra für das Nachsichern auf Klettersteigen konzipiert sind. Beispielsweise das „Belay Kit" von Edelrid. Das Seil ist handlich verpackt und für die Anwendung wird keine Knotenkenntnis benötigt. Die Handhabung geht in der Regel schneller als die normale Nachsicherung mit einem Seil. Es sollte aber in jedem Fall die Gebrauchsanweisung im Vorfeld gelesen und die Anwendung getestet werden. Wenn es richtig angewendet wird, ist das „Belay Kit" eine tolle und schnelle Sache.

**SICHERHEITSTIPP:** Zeitfaktor beachten! Wird die zusätzliche Seilsicherung verwendet, benötigen Sie für die entsprechende Passage deutlich mehr Zeit.

## Pausen einlegen

Das Klettersteiggehen ist für viele Bergsteiger eine genussvolle Angelegenheit. So sind kleine Pausen im Klettersteig oder spätestens am Gipfel eine gute Gelegenheit, das Panorama und die steile, exponierte Lage zu genießen. Trotzdem sollte jede geplante **Genusspause** nur an dafür geeigneten Stellen ohne Steinschlag- oder Absturzgefahr eingelegt werden.

Kurze **Erholungspausen** bieten sich auch vor einer schweren Stelle an. So können nochmals Kräfte gesammelt werden, um die schwere Stelle in einem Zug durchsteigen zu können.

☺ Eine Pause kann auch dazu dienen, den Zustand und die Fitness der einzelnen Teilnehmer zu prüfen. Außerdem kann man sich sammeln und die Zeit und die Wetterentwicklung überprüfen.

## Unterschiedliche Untergründe

Im Laufe der Klettersteigtour wechselt meist das Gelände. Von senkrechten Wänden führt der Weg über Grate oder durch Scharten. Ist das Sicherungsstahlseil kurz unterbrochen und der Weg führt ein Stück über erdiges Gehgelände, ist beim erneuten Einsteigen unbedingt auf saubere Sohlen zu achten.

Außerdem ist auf lose Steine zu achten und besonders bewusst zu steigen, um keinen Steinschlag auszulösen. Gerät doch einmal ein Stein ins Rollen, ist umgehend das Kommando „Vorsicht Stein!" laut zu rufen, um nachsteigende Klettersteiggeher zu warnen.

## Überholen

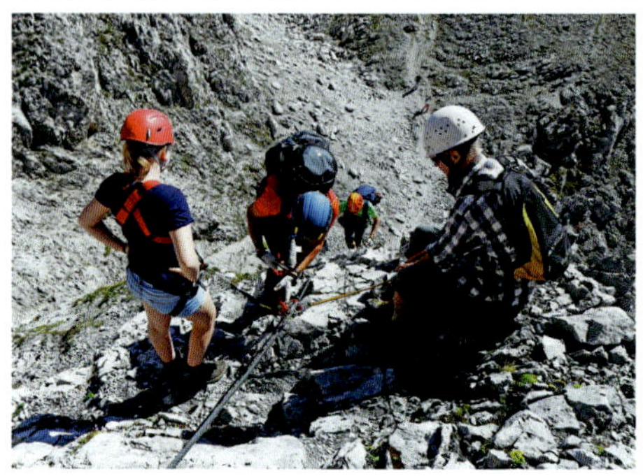

*Überholen an einer günstigen Passage. Alle Klettersteiggeher bleiben gesichert.*

Klettersteige sind beliebt und meistens treffen Sie auf einer Tour auch auf andere Klettersteiggeher. Da sich die Geschwindigkeiten stark unterscheiden können gehört das Überholen ganz selbstverständlich zum Klettersteiggehen dazu.

Wichtig ist dabei eine klare Absprache zwischen dem schnelleren und dem langsameren Klettersteiggeher. Ohne Ankündigung zu überholen, ist unhöflich und an senkrechten Passagen auch gefährlich, da in den Sicherheitsabstand geklettert wird.

Üblicherweise gibt es also eine kurze Absprache. So kann der Voraussteigende eine günstige Stelle suchen, um den Nachsteigenden vorbeilassen zu können. Der zu Überholende drückt sich dabei eng an den Fels, sodass der Überholende hinten vorbeisteigen und umhängen kann, aber immer beide Klettersteiggeher gesichert bleiben.

## Drahtseil und Verankerung kritisch prüfen

Klettersteige sind das ganze Jahr über den rauen Wettereinflüssen ausgesetzt. Schäden durch Schneedruck, Steinschlag oder Korrosion lassen sich nicht verhindern. Darum sollten Sie sich nicht blind auf die Steiganlage verlassen, sondern den Zustand bewusst im Auge behalten.

Bei kritischen Schäden sollte in jedem Fall umgekehrt werden und dem Halter des Klettersteigs umgehend Bescheid gegeben werden.

# Abstieg

Liegt der Klettersteig hinter Ihnen, ist die Tour meist noch nicht zu Ende. Es folgt der Abstieg ins Tal, zur Hütte oder zur Seilbahnstation. Davor bietet sich jedoch noch eine Pause oder eine Brotzeit am Gipfel an. Der anstrengende Steig ist bezwungen und das Glücksgefühl am Gipfel vor einem alpinen Panorama lässt sich mit kaum etwas vergleichen.

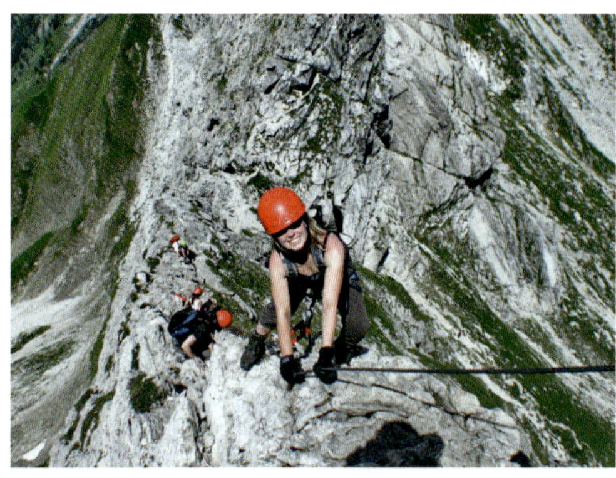

*Rückwärtsabklettern beim Abstieg über einen Grat*

Der Abstieg ist nun der letzte Abschnitt eines Tourentages. Dieser sollte nicht unterschätzt werden. Es ist nochmals erhöhte Aufmerksamkeit gefragt, denn nach den körperlichen Anstrengungen des Aufstieges über den Klettersteig lässt in der Regel die Konzentration nach und es können Ermüdungserscheinungen auftreten. Unfälle beim Abstieg passieren meist nicht aufgrund der Schwierigkeit des Weges, sondern durch Unachtsamkeit (z. B. durch Stolpern, Ausrutschen etc.). Eine erfolgreiche Tour ist erst im Tal vorbei und kann auch erst dort als „bezwungen“ bezeichnet werden.

Endet der Klettersteig am Gipfel, verläuft der erste Teil des Abstiegs meist auch über teilweise gesicherte Passagen. Sind Stahlseile gespannt, sind auch hier beide Klettersteigkarabiner einzuhängen. Im Vergleich zum Aufstieg laufen beim Abstieg die Karabiner am Stahlseil voraus (Vorsicht Stolpergefahr!). Steile Stellen werden idealerweise rückwärts abgeklettert.

**SICHERHEITSTIPP:** Nicht über den Klettersteig absteigen. In der Regel erfolgt der Abstieg über den Normalweg auf den Gipfel oder über Wanderwege zurück zum Ausgangspunkt. (Angaben im Klettersteigführer beachten!)

# Alpine Gefahren/ Notsituationen

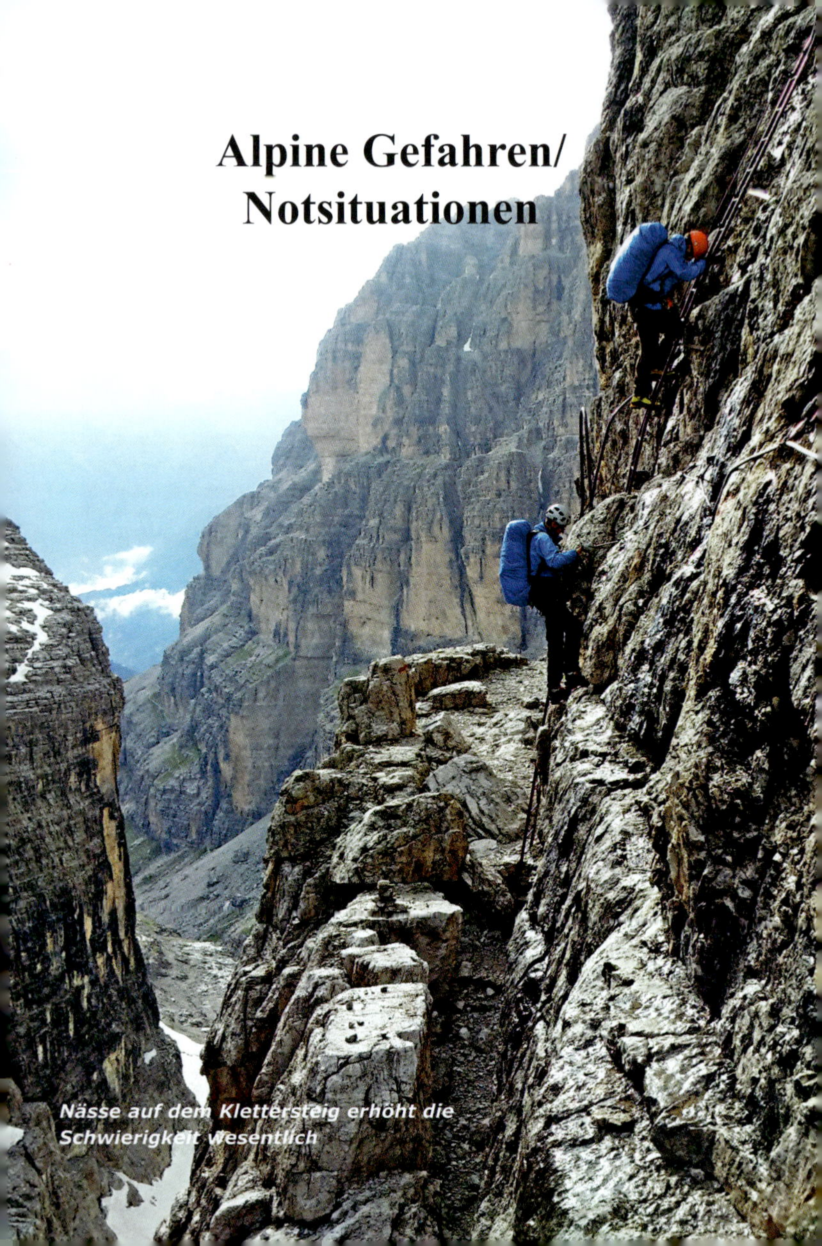

Nässe auf dem Klettersteig erhöht die Schwierigkeit wesentlich

Neben der beeindruckenden Schönheit der alpinen Bergwelt dürfen die Gefahren, die in den Bergen bestehen, nicht unterschätzt werden. Gerade auf Klettersteigen kommt es immer wieder zu kritischen Situationen und Unfällen, bei denen die Bergrettung anrücken muss.

Der Deutsche Alpenverein (DAV) veröffentlicht regelmäßig eine Unfallstatistik, die auch nach den einzelnen alpinen Disziplinen aufgeschlüsselt wird. In Klettersteigen gilt demnach als häufigste Ursache für Unfälle und Notsituationen, bei denen die Rettungskräfte anrücken mussten, die Blockade (46 %) (☞Alpine Gefahren, Notsituationen, Subjektive Gefahren, Selbstüberschätzung Blockade). Der Blockade folgt laut der Statistik der Sturz in die Sicherung (18 %) und körperliche Probleme, wie Herzkreislauf und Überlastung (14 %).

Generell können die Gefahren bei alpinen Touren in objektive Gefahren und subjektive Gefahren unterteilt werden. Wer sich der Gefahren bewusst ist, entwickelt ein Auge dafür und kann kritische Situationen besser lösen.

- ▷ Als **objektive Gefahren** gelten äußere Einflüssen wie z. B. Wetterstürze, plötzlicher Starkregen, Gewitter, Nebel, Kälteeinbruch, Schneefall, Dunkelheit, Steinschlag, Absturz, schlechte Seile, die Höhenkrankheit und UV-Strahlung …

  Sie können in der Regel nicht direkt beeinflusst werden. Dafür kann man sich mit einer entsprechenden Tourenplanung – z. B. durch Wettercheck vor und während der Tour und die vollständige und zeitgemäße Sicherheitsausrüstung – auf sie vorbereiten, um im Fall des Falles richtig zu reagieren.
- ▷ **Subjektive Gefahren** gehen von einem selbst aus und sind z. B.: Selbstüberschätzung, mangelnde Ausrüstung, mangelnde Erfahrung, mangelnde Kondition, Wassermangel …

  Diesen Gefahren können durch eine entsprechende Tourenplanung im Vorfeld inkl. der Sicherheitschecks und einer selbstkritischen Einschätzung der eigenen Fähigkeiten bereits im Voraus weitgehend ausgeschlossen werden.

**SICHERHEITSTIPP:** Durch eine gewissenhafte Tourenplanung und eine laufende Überprüfung des Planes während der Tour können Gefahren minimiert und Blockaden vorgebeugt werden. Im Zweifel rechtzeitig umkehren. Eine zusätzliche Seilsicherung kann helfen, schwierige Passagen zusätzlich abzusichern.

# Objektive Gefahren

## Steinschlag

Auf Klettersteigen muss generell mit der Gefahr durch Steinschlag gerechnet werden. Durch Erosion sind die Alpen eine nahezu unerschöpfliche Quelle an losen Steinen in allen Größenklassen. Meist wird Steinschlag dabei von vorauskletternden Klettersteiggehern oder Tieren ausgelöst. Oft reicht auch schon ein minimaler Impuls, um bereits lockere Steine zum Fallen zu bringen. Hinzu kommt, dass Klettersteiggeher immer sehr nahe am Sicherungsseil steigen und kaum die Möglichkeit haben, fallenden Steinen auszuweichen.

Darum gilt: Steinschlag ist unter allen Umständen zu vermeiden! Durch überlegtes Steigen und sauberes Setzen der Hände und Füße kann das Lostreten von Steinen vermieden werden. Neben Steinen können aber auch lose Ausrüstungsgegenstände zur Gefahr werden. Darum sollte der Rucksack gut geschlossen sein und keine lose Ausrüstung in Außentaschen enthalten. In Klettersteigführern sind besonders steinschlaggefährdete Passagen in der Regel auch gekennzeichnet. Diese Passagen sollten zügig durchquert werden und Sie sollten dort keinesfalls eine Brotzeitpause o. Ä. eingelegen.

Erreichen Sie während der Tour einen Bereich mit extrem brüchigem Gelände, warnen Sie umgehend die Nachsteigenden. Diese müssen Abstand halten und einen

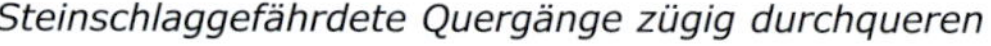

*Steinschlaggefährdete Quergänge zügig durchqueren*

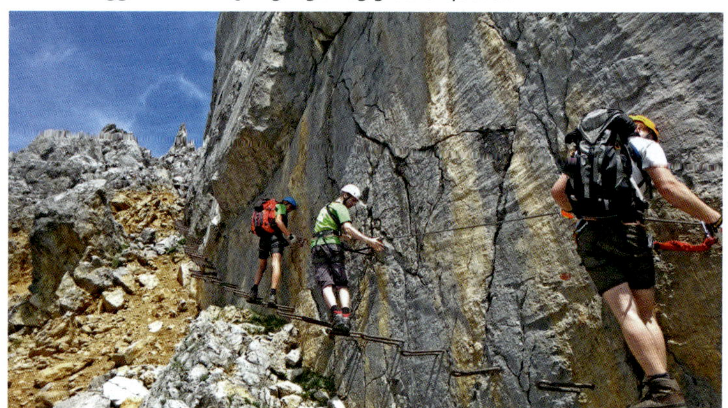

sicheren Rastplatz aufsuchen (beispielsweise je nach Routenführung außerhalb der Falllinie oder unter einem Überhang) und den Bereich immer einzeln durchsteigen.

### Verhalten bei Steinschlag

- ▷ Sie sollten Ihren Körper möglichst nahe an die Wand drücken und immer gesichert bleiben.
- ▷ Andere Klettersteiggeher sollten Sie durch den Warnruf „Vorsicht Stein!" warnen.

**SICHERHEITSTIPP:** Der Helm ist die Sicherheitsausrüstung Nr. 1, um sich gegen Steinschlag zu schützen.

## Blitzschlag

Gewitter in den Bergen sind keine Seltenheit und von einer sicheren Warte aus betrachtet sind sie ein beeindruckendes Naturschauspiel, das die Kraft der Natur eindrucksvoll demonstriert. Auf Klettersteigen hingegen besteht für Klettersteiggeher während eines Gewitters Lebensgefahr. So stellen Klettersteige doch übergroße Blitzableiter dar und führen oftmals durch exponiertes Gelände, über Grate und bis hinauf zum Gipfel.

Darum starten Sie bei akuter Gewitterwarnung am besten erst gar nicht auf eine Klettersteigtour. Durch eine entsprechende Tourenplanung kann eine direkte Gewitterberührung auch meist gut vermieden werden. Die Bergwetterberichte unter 💻 www.alpenverein.de/bergwetter bieten sehr gute und auch lokale Voraussagen zur Wetterentwicklung der nächsten Tage. Dabei gilt: Auch bei kurzfristiger Warnung nicht in die Tour starten und lieber ein Alternativroutenziel ansteuern.

Es gibt zwei Arten von Gewittern: das sommerliche Wärmegewitter mit lokaler Verbreitung und folgender Wetterbesserung und das Frontgewitter, das zu jeder Jahreszeit auftritt und dem eine mehrtägige Abkühlung folgt. Neben der akuten Gefahr von direktem und indirektem Blitzschlag geht von einem Gewitter weiteres Gefahrenpotential in Form von starkem Regen, Hagel, Graupel und teils starker Abkühlung aus.

### Verhalten bei Gewitter in den Bergen und auf Klettersteigen

Sollten Sie sich doch einmal während der Tour mitten in einem aufziehenden Gewitter befinden, behalten Sie Ruhe und beachten Sie folgende Punkte:

- **Exponierte Gebiete verlassen:** Blitzentladungen erfolgen meist an den höchsten Punkten, sodass Gipfel oder Grate umgehend zu verlassen sind.
- **Metall meiden:** Metall wie Gipfelkreuze oder Stahlseile ziehen den Blitz zwar nicht stärker an, sie leiten ihn aber perfekt und machen ihre Umgebung gefährlich. Fangen Metallgegenstände beispielsweise an zu „singen", ist sofort Deckung zu suchen – am besten in Kauerstellung in einer Senke.
- **Abstand halten:** Halten Sie Abstand zu anderen Personen, alleinstehenden Bäumen, Masten, Flüssen, Felswänden, wasserführenden Rinnen, die als elektrische Leiter fungieren können.
- **In exponiertem Gelände** sollte Sie unbedingt eine Selbstsicherung anbringen. Idealerweise karabinerlos und über den Boden geführt. Bei nahen Blitzeinschlägen können Menschen mehrere Meter durch die Luft geschleudert werden.
- **In einem Klettersteig:** Sie sollten die Steiganlage so schnell wie möglich verlassen und umgehend mit dem Abstieg beginnen! Sollte das nicht möglich sein, Schutz an einem sicheren Platz suchen, der vor direktem Blitzschlag und Erdströmen sicher ist. Der Platz muss mehrere Meter vom Drahtseil entfernt sein. Außerdem muss er mindestens eine Körperlänge von einer Felswand und 7-8 Körperlängen unter einer Erhebung liegen. Höhlen sind nur sicher, wenn sie genügend Rücken- und Kopffreiheit sowie genügen Abstand zum Höhleneingang bieten. Zudem sollten Sie die Sicherung nicht aushängen, sondern das Seil über den Boden führen.
- **Direkt im Gewitter:** Sie sollten das Gewitter aussitzen. Idealerweise nicht hinlegen, sondern sich in Kauerhaltung auf eine isolierende Unterlage (Rucksack, Seil etc.) setzen und Beine und Schuhe aneinander pressen, um Schrittspannung zu vermeiden und soweit es geht Abstand halten. Relativ sicher ist ein gleichmäßig hoher und dichter Wald oder der Wandfuß einer mind. 15 m hohen Felswand, sofern mind. 3 m Abstand zum Fels eingehalten wird.

**SICHERHEITSTIPP:** Bei Blitzberührung sollten Sie sofort ins Krankenhaus! Auch wenn man sich gut fühlt, können Herzrhythmusstörungen auch später noch auftreten.

## Wetterumschwung

Die Alpen sind für ihr sehr kleinräumiges Klima und ihre teils starken Wetterumschwünge bekannt. Auf alpinen Klettersteigen sind Sie diesen Einflüssen voll ausgesetzt. Die Gefahren durch Starkregen, Nässe, Kälte und Vereisung sind nicht zu unterschätzen. So steigt durch sie die Schwierigkeit des Klettersteigs enorm an. Auf langen, alpinen Klettersteigen ohne Fluchtmöglichkeit ist dann guter Rat teuer und der Biwaksack in manchen Fällen die einzige Möglichkeit, das schlechte Wetter auszusitzen.

Darum ist der Wettercheck im Vorfeld der Tour unerlässlich. Bei Mehrtagestouren sollte das Wetter durch mobiles Internet, die telefonische Wetterauskunft oder über die Hüttenwirte täglich erfragt werden.

## Schlechte Seile

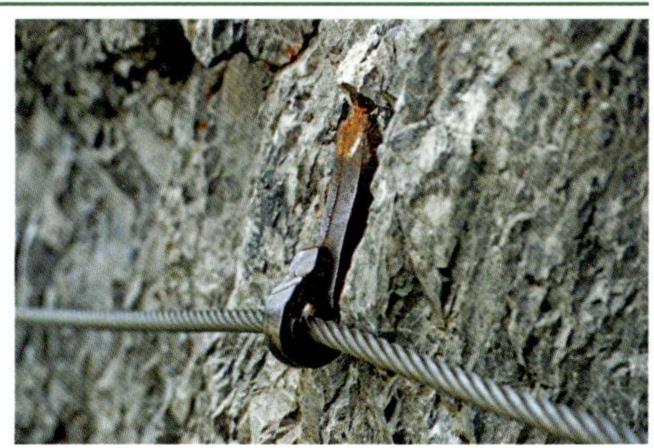

*Korrosion*

Steiganlagen sollten Sie generell kritisch prüfen und ihnen nicht blindes Vertrauen entgegenbringen. Durch Steinschlag, Hangrutsch, Schneedruck oder Korrosion können die Steiganlagen beschädigt werden. Besonders zu Beginn der neuen Bergsaison ist erhöhte Aufmerksamkeit gefragt. Zudem ist zu prüfen, ob der Steig u. U. gesperrt ist (Wintersperre). Neben starken, sicherheitsrelevanten Schäden können die Stahlseile auch leicht beschädigt sein und z. B. einzelne Drähte herausstehen. Dies führt bei einem Sturz nicht unmittelbar zum Bruch, kann dennoch schmerzhafte Schnittverletzungen an den Händen verursachen. Bei zweifelhaftem Steigzustand am Einstieg sollte Sie erst gar nicht in den Klettersteig einsteigen. Bei sicherheitsrelevanten Schäden im Verlauf der Tour sollten Sie umkehren und den Halter über die Schäden informieren.

## Hohe Berge

Vor allem wenn Sie aus dem Flachland anreisen und schnell auf eine entsprechende Höhe steigen, kann der abrupte Höhenunterschied zu einem Problem werden. Ab 2.500 m kann die Höhenkrankheit auftreten. Symptome dafür sind Kopfschmerzen, Müdigkeit oder erhöhter Ruhepuls. Dies führt zu körperlicher Schwäche, Trittunsicherheit und Erschöpfung. Beim Auftreten der Höhenkrankheit muss umgehend in tiefere Regionen abgestiegen werden.

Eine entsprechende Zeit der Akklimatisation in Höhenlagen und langsames Steigern beugt diesen Symptomen vor.

## UV-Strahlung

In den Bergen sind Sie aufgrund der Höhe der UV-Strahlung in größerem Maße ausgesetzt als im Flachland. Diese belastet Haut und Augen stark. Auf jede Tour sollte daher eine gute Sonnenschutzcreme (auch für die Lippen) und eine Sonnenbrille mitgenommen werden.

# Subjektive Gefahren

## Selbstüberschätzung/Blockade

Die Ursache Nummer eins für Rettungsaktionen in Klettersteigen ist die Blockade. Als Blockade wird die Situation verstanden, in der ein Klettersteiggeher weder vor noch zurück kann. Sie rührt oftmals von einer Fehleinschätzung der eigenen Fähigkeiten in Bezug auf die Schwierigkeit des Klettersteigs. Sie kann dabei durch physische Erschöpfung mit mangelnder Armkraft oder psychische Belastung in exponierten, luftigen Lagen entstehen und dazu führen, dass der Betroffene beispielsweise an der Schlüsselstelle hängt und nicht weiterkommt. (☞ Alpine Gefahren, Notsituationen, Verhalten in Notsituationen, Hilfe bei Blockade)

## Nachlässige Sicherung

Auf Klettersteigen passieren immer wieder Unfälle, bei denen Klettersteiggeher mit mangelhafter Ausrüstung oder gar keiner Ausrüstung verunglücken. Dieses unnötige Risiko kann leicht vermieden werden, wenn die Sicherheitsausrüstung vollständig und auf dem aktuellen Stand der Technik ist. Klettersteige sollten nie ohne Klettersteigset oder ohne Helm begangen werden!

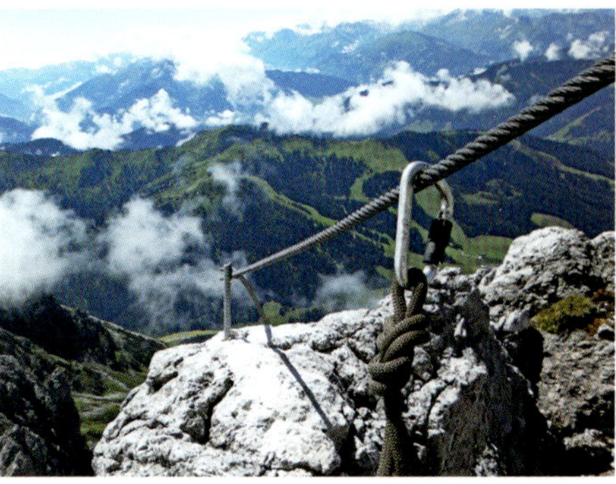

*Veraltetes Klettersteigset*

Außerdem muss die Ausrüstung auch entsprechend den Sicherungsabläufen korrekt eingesetzt werden. In der Praxis kann oft beobachtet werden, dass sich Klettersteiggeher nur mit einem Karabiner sichern oder an vermeintlich leichten Passagen gar nicht sichern. Dies erhöht zwar die Geschwindigkeit, aber auch das Risiko und die Gefahr zu verunglücken.

Wie der tödliche Klettersteigunfall von Kurt Albert, der deutschen Kletterlegende, zeigt, sind selbst Spezialisten nicht vor Flüchtigkeitsfehlern gefeit und eine korrekte, gewissenhafte Selbstsicherung ist absolute Grundvoraussetzung für eine sichere Tour.

# Verhalten in Notsituationen

In eine Notsituation kann jeder Bergsteiger einmal geraten. Ob Sie selbst betroffen sind oder als Ersthelfer am Unglücksort eintreffen, die Kameradenhilfe hat dabei in jeder Notsituation oberste Priorität. In den Bergen kann es, anders als im Flachland, unter Umständen Stunden dauern, bis professionelle Helfer eintreffen können.

## Allgemeines Verhalten

Allgemein gilt bei Notsituationen in den Bergen:

- ▷ Ruhe bewahren, keine Panik verbreiten und beim Unfallopfer bleiben.
- ▷ Auf die eigene Sicherheit achten.
- ▷ Für Alleingänger: In jedem Fall Hilfe rufen und nicht versuchen, verletzt weiterzugehen!
- ▷ Rettungskräfte verständigen. Euronotruf ☏ 112. Sollte kein Mobilfunknetz erreichbar sein, das alpine Notsignal senden (☞ Alpine Gefahren/Notsituation, Notruf).

- Erste Hilfe leisten.
- In jedem Fall Kälteschutz (Biwaksack/Rettungsdecke) für den Verletzten einrichten (auch gegen den Untergrund).

## Besonderes Verhalten in Klettersteigen

Notsituationen in Klettersteigen stellen oftmals eine besondere Schwierigkeit für die Betroffenen und die Helfer dar, da meist nicht die Möglichkeit besteht, einfach ins Tal abzusteigen. In der Regel besteht neben dem Klettersteig Absturzgefahr und auch für die Rettungskräfte stellt die exponierte Lage auf Klettersteigen eine besondere Herausforderung dar.

Notsituationen können durch Stürze, Steinschlag, aber auch durch psychische Faktoren wie Blockaden zustande kommen.

- **Bei Wetteränderung** (Gewitter, Schnee, Regen, Starkregen): Schnell absteigen, Notabstiege nutzen. Tour abbrechen!
- **Bei Unfall, Sturz, Verletzung:** Erste Hilfe leisten, Verunglückten absichern. Schwere der Verletzung prüfen. Hilfe rufen (☞Alpine Gefahren/Notsituation, Notruf).

**SICHERHEITSTIPP:** Moderne Klettersteige haben eine Nummerierung in Form von kleinen Schildern mit aufsteigenden Nummern, die den Rettungskräften helfen, Ihren Standort zu bestimmen.

### Hilfe bei Blockade

Ist ein Klettersteiggeher von einer Blockade betroffen und kann weder vor noch zurück, benötigt er Hilfe. Oft liegt die Ursache darin, dass er sich eine kommende Steigstelle aus Kraftmangel oder Angst nicht zutraut. Lässt es der Zustand des Betroffenen zu, können Sie ihm evtl. mit einem Sicherungsseil Unterstützung geben. Voraussetzung ist die Beherrschung der richtigen Sicherungstechnik. Bei Bergungen übernehmen Sie selbst die Verantwortung für das Vorhaben. Hohes Eigenkönnen ist Voraussetzung. Besteht Unsicherheit, sollten Sie die Rettungskräfte verständigen.

Zunächst gilt: Ruhe bewahren und sich Zeit für den Betroffenen nehmen. Dann können folgende Punkte geprüft werden:

- Was ist die Ursache für die Blockade?
- Wie ist die körperliche Verfassung des Betroffenen?

- ▷ Ist die Blockade physischer oder psychischer Natur?
- ▷ Kommt ein gesicherter Auf- oder Abstieg noch in Frage?
- ▷ Bin ich selbst in der Lage, zu helfen? (Falls möglich: Zusatzsicherung einrichten, um das Gefühl der Sicherheit zu erhöhen.)
- ▷ Gibt es einen Notausstieg? Wenn ja, wo?
- ▷ Lässt sich die Blockade nicht auflösen, Rettungskräfte verständigen.

### Sturz ins Klettersteigset

Kam es zu einem Sturz, ist eine ernste Notsituation entstanden. Je nachdem wie tief der Sturz war, ist der Betroffene mehr oder weniger stark verletzt und hängt in der Regel im Klettersteigset. Er benötigt in jedem Fall Hilfe:

- ▷ Zum Gestürzten auf- bzw. absteigen. Ruhe bewahren!
- ▷ Prüfen, ob Gurt und Klettersteigset noch intakt sind.
- ▷ Den Betroffenen evtl. zusätzlich sichern.
- ▷ Verletzungen prüfen und dabei besonders auf die Wirbelsäule achten.
- ▷ Bei Verdacht auf eine Wirbelsäulenverletzung den Verletzten nicht bewegen. Die Wiederherstellung der Vitalfunktionen hat allerdings Vorrang.
- ▷ Rettungskräfte verständigen und beim Verletzten bleiben, bis diese eintreffen.

# Notruf

## Notrufnummern:

- ▷ **Euronotruf**: ☏ 112, ☺ Bei Eingabe der 112 anstatt des PIN, sucht sich das Telefon automatisch das beste Netz.
- ▷ **Bergrettungsnotruf**: Deutschland: ☏ 112, Österreich: ☏ 140, Italien: ☏ 118, Frankreich: ☏ 15, Schweiz: ☏ 144
- ▷ **Rettungsdienst**: Deutschland: ☏ 112, Österreich: ☏ 144, Italien: ☏ 118, Frankreich: ☏ 15, Schweiz: ☏ 144
- ▷ **Polizei**: Deutschland: ☏ 110, Österreich: ☏ 133, Italien: ☏ 113, Frankreich: ☏ 17, Schweiz: ☏ 117
- ▷ **Feuerwehr**: Deutschland: ☏ 112, Österreich: ☏ 122, Italien: ☏ 115, Frankreich: ☏ 18, Schweiz: ☏ 118
- ▷ **Ärztlicher Notdienst**: Deutschland: ☏ 11 61 17, Österreich: ☏ 141, Italien: ☏ +39 (0) 471/90 82 88, Frankreich: ☏ +33 (0) 147/07 77 77

## Alpines Notsignal

Es besteht aus einem hör- oder sichtbaren Zeichen (Rufen/Blinken) und wird sechsmal innerhalb einer Minute (alle 10 Sekunden) abgegeben. Auf die Signal-Minute folgt eine Minute Pause. Dies wird so lange wiederholt, bis eine Antwort erfolgt. Das Antwortzeichen besteht aus einem Signal dreimal pro Minute (alle 20 Sekunden), und wird ebenfalls nach einer Minute Pause wiederholt.

Wer in den Bergen das alpine Notsignal empfängt, sollte dieses als Erstes bestätigen und umgehend einen Rettungsdienst verständigen.

## Hubschraubereinsatz

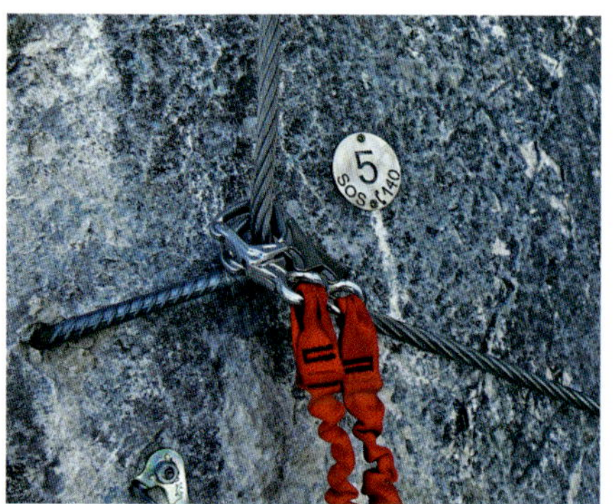


*Nummerierung zur Orientierung in Notfällen*

Beim Anflug eines Hubschraubers gibt es zwei einfache Handzeichen, um sich mit dem Piloten zu verständigen.

**Yes:** Ich benötige Hilfe: Mit beiden Armen wird ein Y dargestellt, indem beide Arme schräg nach oben gestreckt werden.

**No:** Ich benötige keine Hilfe: Mit beiden Armen ein N darstellen, indem ein Arm schräg nach oben und der andere schräg nach unten gestreckt wird.

## Notbiwak

Der Hubschrauber startet nicht bei Kleinigkeiten, bzw. kann aufgrund des Wetters nicht immer starten. Sollte eine Nacht in den Bergen verbracht werden, gilt es zunächst einen geschützten Platz aufzusuchen – idealerweise einen überhängenden Fels oder einen anderen wind- und regengeschützten Platz. Dann sollte man die gesamte mitgeführte Kleidung anziehen und in den Biwaksack schlüpfen bzw. sich in eine Rettungsdecke einwickeln. Als Unterlage dient der Rucksack, Gras, Reisig oder sonstige Ausrüstung. Falls der Rucksack frei ist, können die Beine im Biwaksack auch zur zusätzlichen Isolation in den leeren Rucksack geschoben werden. So eingepackt muss nun der nächste Morgen abgewartet werden.

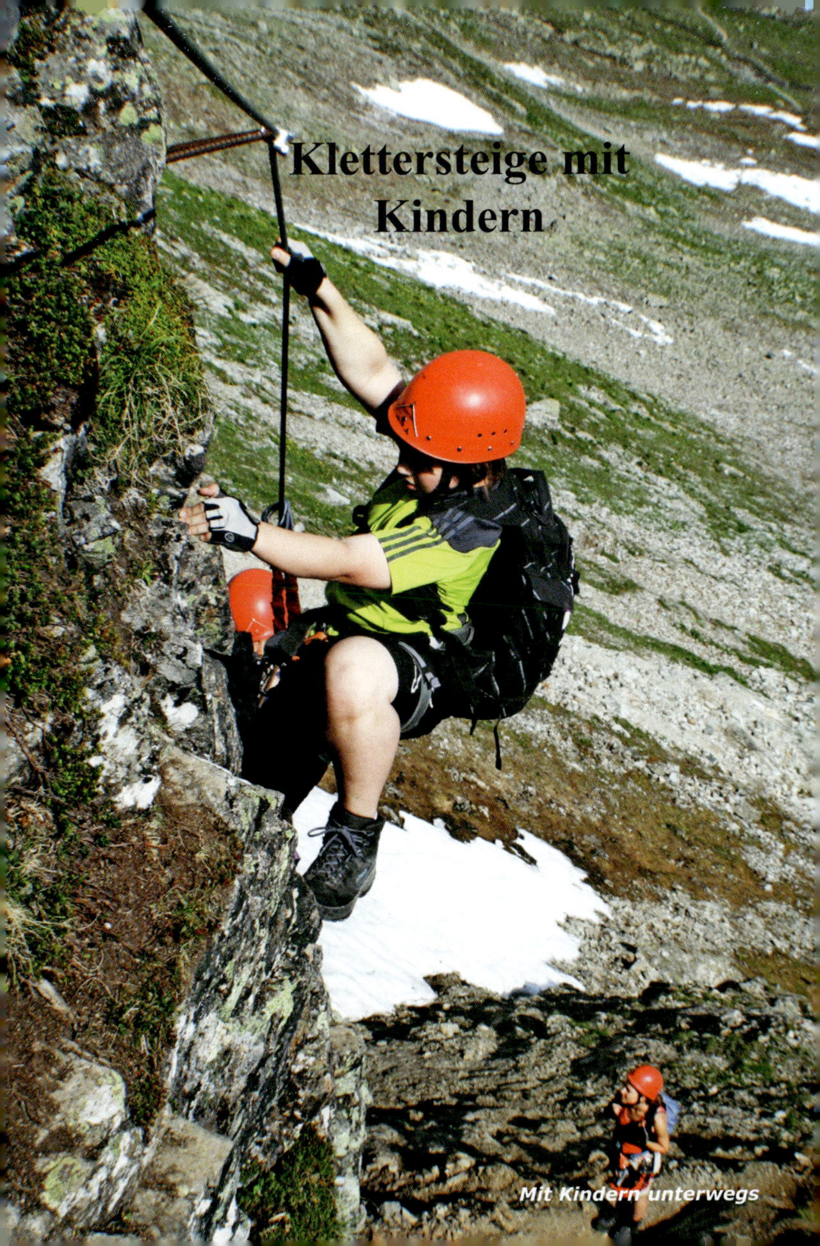
Klettersteige mit
Kindern
Mit Kindern unterwegs

Klettersteige machen Spaß und bergbegeisterte Eltern möchten dieses Vergnügen in der Regel auch irgendwann mit ihren Sprösslingen teilen. Werden Kinder mit auf eine Tour genommen, gilt es einige Punkte zu beachten bzw. bereits in die Tourenplanung entsprechend einfließen zu lassen. Die meisten Klettersteige wurden für Erwachsene konzipiert und sind daher nicht auf die Bedürfnisse von Kindern ausgerichtet. Als grober Anhaltspunkt können Kinder ab dem sechsten Lebensjahr mit leichten Touren beginnen. Dies hängt allerdings stark vom jeweiligen Kind ab. Auf keinen Fall sollten Kinder auf Klettersteigen überfordert werden.

**SICHERHEITSTIPP:** Als Erwachsener übernehmen Sie auf Klettersteigen die volle Verantwortung für Ihre Kinder. Daher sollten Kinder nur mit auf eine Klettersteigtour genommen werden, wenn die Erwachsenen selbst ausreichend Klettersteigerfahrung besitzen. Außerdem sollten technisches Können, der korrekte Umgang mit der Sicherheitsausrüstung und die zusätzliche Seilsicherung beherrscht werden.

## Ausrüstung für Kinder

In den letzten Jahren hat sich auf dem Gebiet der speziellen Ausrüstung für Kinder viel getan. Die Hersteller von Bergsportausrüstung sind auf diese Zielgruppe aufmerksam geworden. Dies ist erfreulich, denn gerade bei Klettersteigsets gab es lange keine speziellen Angebote für leichtgewichtige Personen. Dies ändert sich langsam und es gibt verschiedene Modelle, die speziell auf die Körpergröße und das Gewicht von Kindern ausgerichtet sind.

### Klettersteigset

Es gibt mittlerweile spezielle Klettersteigsets für Kinder. Diese sind speziell an die Bedürfnisse von Kindern angepasst und designt. Sie besitzen beispielsweise kürzere Lastarme, speziell für Kinderhände entwickelte Klettersteigkarabiner und können bereits ab einem Körpergewicht von 30 kg verwendet werden, z. B. die Modelle Cable Vario von Edelrid oder Buddy von Skylotec.

### Klettergurt

Für Kinder gibt es eine breite Auswahl an speziellen Kinderklettergurten. Dabei empfiehlt es sich, auf Klettersteigen unbedingt einen Kinder-Kombigurt zu ver-

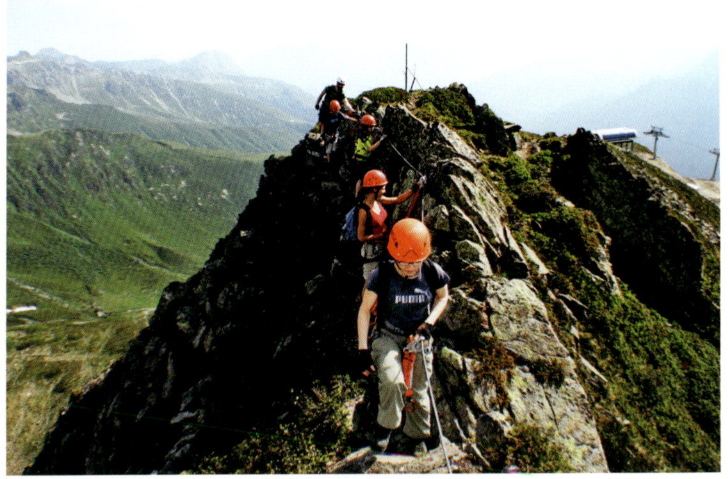

*Einfacher Klettersteig in Seilbahnnähe*

wenden. Kinder haben durch den verhältnismäßig größeren und schwereren Kopf einen höheren Schwerpunkt und eine schmale Taille. Kombigurte verhindert bei einem Sturz das nach hinten Überkippen, wodurch die Gefahr des Herausrutschens oder Wirbelsäulenverletzungen bestehen würde.

**SICHERHEITSTIPP:** Achten Sie bei den Klettersteigsets auf jeden Fall auf das angegebene Mindestkörpergewicht. Unter keinen Umständen sollte mit einem Set geklettert werden, das erst bei höherem Gewicht zugelassen ist. Das Klettersteigset löst in diesem Fall später oder gar nicht aus. Der Sturz würde dadurch härter und es besteht Lebensgefahr!

## Tourenplanung

Die Klettersteigtour muss auf das jeweilige Kind abgestimmt werden. Auf keinen Fall dürfen Kinder überfordert werden, da sich daraus schnell kritische Situationen ergeben können. Für die Wahl des richtigen Klettersteigs sind die Körpergröße und das Alter des Kindes entscheidend. Üblicherweise sind normale Klettersteige auf die Körpergröße von Erwachsenen ausgelegt, sodass Kinder an bestimmten Stellen Probleme bekommen können.

Generell empfiehlt es sich, für Einsteiger und kleine Kinder entweder kurze Klettersteige der Kategorie A oder B (nach Kurt-Schall-Skala) ohne lange Zu- und Abstiege zu wählen oder gleich einen speziellen Kinderklettersteig zu begehen. Dabei sollten Kinder unter sechs Jahren nicht mitgenommen werden. Während der Tour sollte langsam gestiegen und extra Zeit für Pausen eingeplant werden. Außerdem bietet sich bei kleinen Kindern eine Beschränkung der Tour auf höchstens 3 Std. an. Als Sicherheitsvorkehrung bietet es sich bei der Tourenplanung an, einen größeren Zeitpuffer für ungeplante Ereignisse zu berechnen.

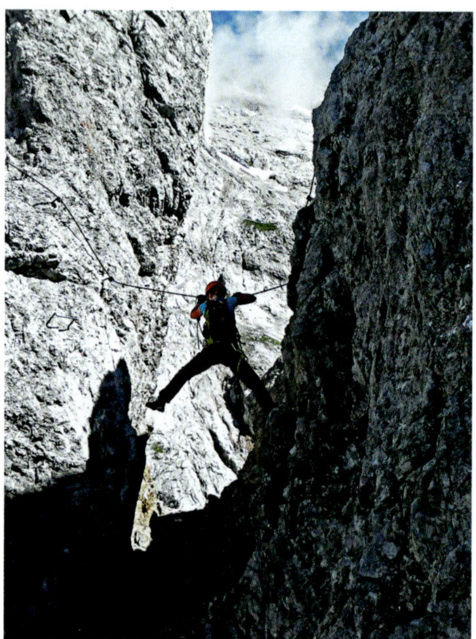

*Weite Abstände stellen für Kinder Probleme dar*

☺ Neben der Tour bietet es sich an, je nach Alter der Kinder ein Rahmenprogramm in Form von Spielpausen (vor oder nach dem Klettersteig) einzuplanen.

Häufig auftretende Probleme für Kinder sind:

▷ Die **Sicherungsseile** sind zu weit von den Tritten und sonstigen Steighilfen entfernt.

▷ Bei **Seilbrücken** ist der Abstand zwischen der Brücke und dem Sicherungsseil zu groß.

▷ Alpine Klettersteige besitzen einen zu langen **Zu- und Abstieg**, wodurch Kinder leicht überfordert werden können.

# Sicherheit

Der Ablauf der Selbstsicherung mit dem Klettersteigset erfolgt bei Kindern wie bei Erwachsenen auch. Darum müssen Kinder die Selbstsicherung mit dem Klettersteigset auf jeden Fall sicher beherrschen. Die Kinder müssen immer beaufsichtigt werden. Jüngere Kinder sollten auf jeden Fall zusätzlich ans Seil genommen werden. Erfahrene Klettersteiggeher können beispielsweise Kinder in Querungen auch am kurzen Seilstück sichern. In diesem Fall müssen Sie vor dem Kind steigen.

Steigen ältere Kinder oder Jugendliche selbständig ohne zusätzliche Seilsicherung, so ist der Erwachsene hinter dem Kind, um beim Steigen evtl. Hilfestellungen geben zu können. Außerdem sollte das richtige Sichern permanent vom Erwachsenen kontrolliert werden. Sind mehrere Erwachsene unterwegs, werden die Kinder in die Mitte genommen.

Dabei dürfen Kinder nicht überfordert werden und bei Anzeichen von Müdigkeit oder Angst sollte umgehend umgekehrt oder der nächste Notausstieg gewählt werden.

Zur Vorbereitung auf den ersten Klettersteig bieten sich folgende Punkte an:

- ▷ Mit der Sicherheitsausrüstung vertraut machen.
- ▷ An die Höhe gewöhnen.
- ▷ Übung an Übungsklettersteigen. Teilweise bieten Kletterhallen die Möglichkeit, ein kurzes Klettersteigstück zu klettern.

**SICHERHEITSTIPP:** Es sollte nur ein Kind pro Erwachsener mit auf die Tour genommen werden, um in kritischen Situationen entsprechend schnell und flexibel reagieren zu können.

# Zusätzliche Seilsicherung mit Kindern

Die zusätzliche Seilsicherung von Kindern verläuft nach dem gleichen Ablauf wie bei Erwachsenen (☞ Sicherheit, Auf dem Klettersteig, Zusätzliche Seilsicherung).

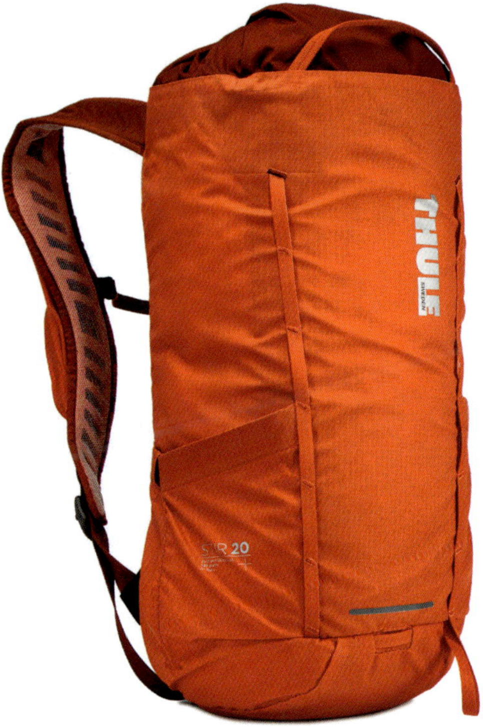

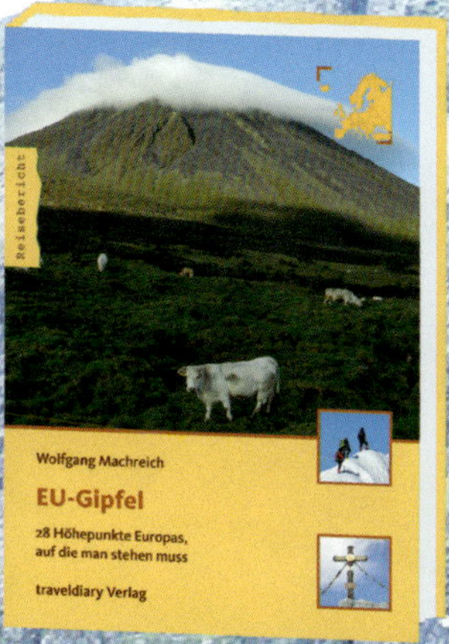

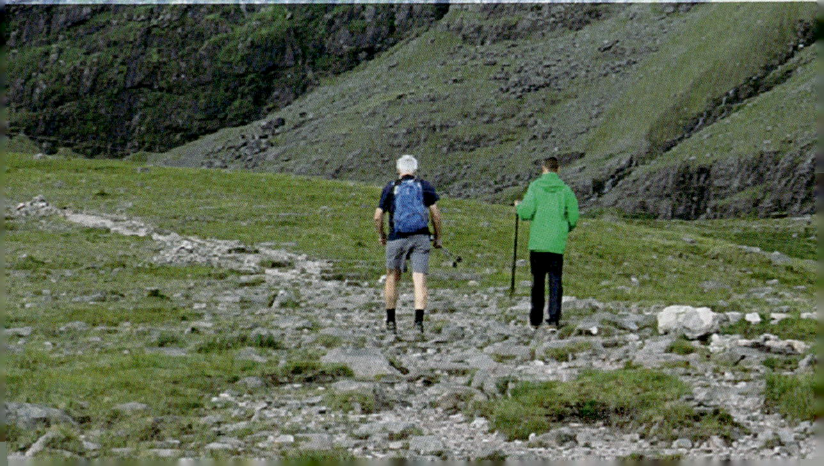

# Index

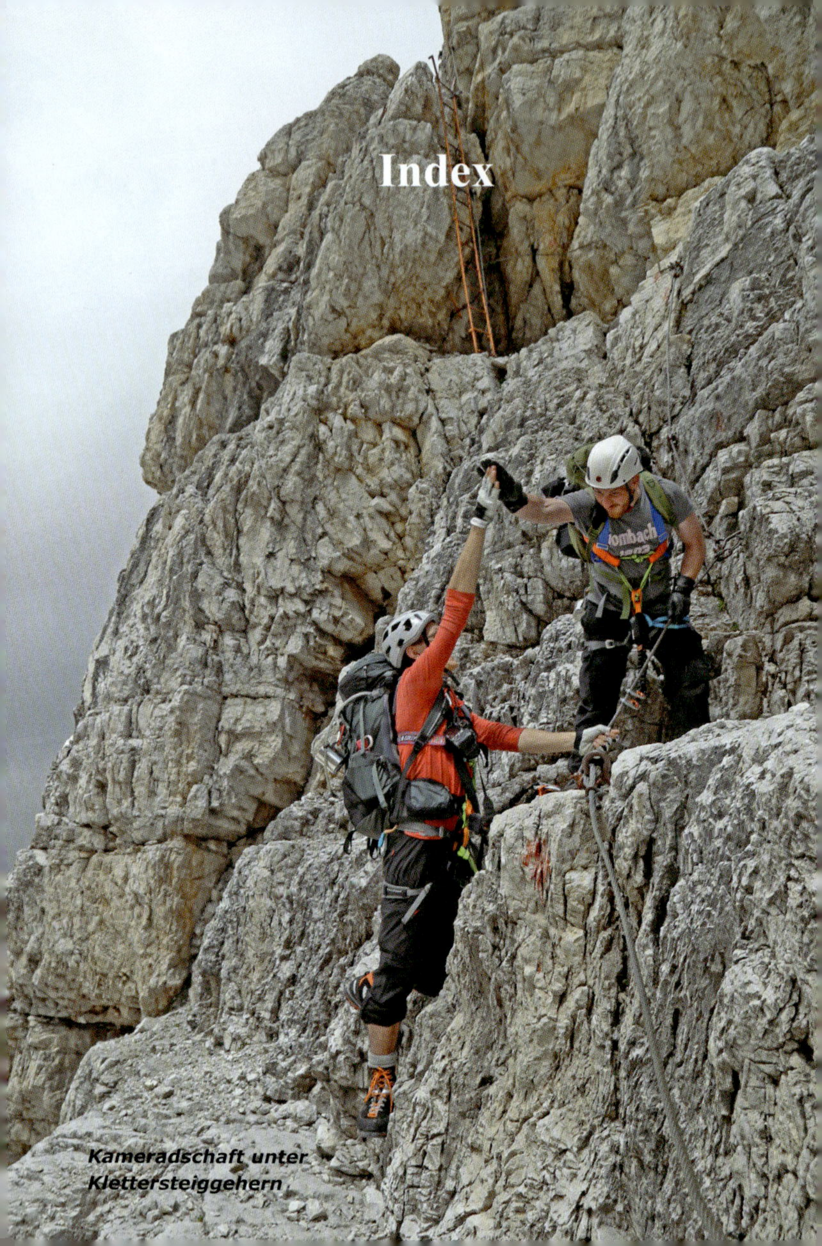


Kameradschaft unter Klettersteiggehern